《道德经》与中国特色宏观调控

陈彦斌◎著

中国人民大学出版社
·北京·

序言

以"两个结合"思想为指引，挖掘《道德经》中的治理思想

改革开放以来，中国经济取得了举世瞩目的伟大增长奇迹。这既是中国经济史上难得的增长奇迹，也是世界经济史上罕见的增长奇迹。这既是中国过去四十多年已经取得的增长奇迹，也能够为实现第二个百年奋斗目标提供宝贵的经验借鉴。支撑中国经济增长奇迹的重要因素，除了众所周知的科技红利、人口红利、全球化红利、制度红利之外，还有中国特色宏观调控等中国独特的优势。

为了能够让宏观调控为中国经济持续高效地保驾护航，央行和财政部等相关政策部门长久以来都在努力"创新和完善宏观调控"。"十三五"规划将"创新和完善宏观调控"作为单独一章，对

"十三五"期间创新和完善宏观调控的目标与要求作出了系列部署①。党的十九大报告同样强调要"创新和完善宏观调控",并将其作为"加快完善社会主义市场经济体制"的重要举措②。2016—2019年的《政府工作报告》以及中央经济工作会议几乎全都强调要"创新和完善宏观调控"。2020年中共中央、国务院发布的《关于新时代加快完善社会主义市场经济体制的意见》首次正式提出了"宏观经济治理"概念,2021年"十四五"规划纲要③和2022年党的二十大报告对"完善宏观经济治理"作出了系统部署④。而且,国家针对宏观调控提出的诸如供给侧结构性改革、需求侧管理、区间管理、预期管理、结构性货币政策、跨周期调节等一系列创新举措,也取得了较好的阶段性成效。

然而,中国的宏观调控体系当中仍然存在一些不足之处。比如,宏观调控的目标体系尚待优化,政策工具仍需要不断优化,政策执行与政策落实有待改进,政策协调有待加强,预期管理有待健全,政策传导效率有待提高,等等。这些不足之处不仅会削弱宏观调控效率进而影响经济稳定与金融稳定等宏观调控目标的实现,而且会影响长期发展目标和社会稳定目标的顺利实现。

"创新和完善宏观调控"需要全新思路。不能只是强调创新,更要强调守正创新。不能只是找出不足,更要找出做对了什么。不能只是从实践到实践,更要强调从中国特色宏观调控实践上升到中国特色宏观调控理论,再用理论指导实践,并通过新实践完善理论。中国特色宏观调控理论不

---

① 中华人民共和国国民经济和社会发展第十三个五年规划纲要.北京:人民出版社,2016.
② 习近平.决胜全面建成小康社会 夺取新时代中国特色社会主义伟大胜利:在中国共产党第十九次全国代表大会上的报告.北京:人民出版社,2017.
③ 中华人民共和国国民经济和社会发展第十四个五年规划和2035年远景目标纲要.北京:人民出版社,2021.
④ 习近平.高举中国特色社会主义伟大旗帜 为全面建设社会主义现代化国家而团结奋斗:在中国共产党第二十次全国代表大会上的报告.北京:人民出版社,2022.

能只是对实践的描述，更要强调用国际通用的理论体系和话语体系加以阐述，如此才能更好地进行国际对话，真正讲好"中国故事"。

习近平总书记提出并反复强调的"两个结合"思想为"创新和完善宏观调控"指明了新方向。党的二十大报告指出："只有把马克思主义基本原理同中国具体实际相结合、同中华优秀传统文化相结合，坚持运用辩证唯物主义和历史唯物主义，才能正确回答时代和实践提出的重大问题，才能始终保持马克思主义的蓬勃生机和旺盛活力。"[①]中国特色宏观调控作为中国特色社会主义政治经济学和中国特色社会主义理论的重要组成部分，是在吸收国际宏观调控理论探索与政策实践基础之上，将马克思主义基本原理同中国宏观调控具体实践相结合的产物。中华优秀传统文化源远流长、博大精深，是中华文明的智慧结晶，是中国人民在长期生产生活中积累的世界观和价值观的重要体现。中华优秀传统文化承载了人民群众日用而不觉的大量行为准则，对宏观调控实施者和宏观经济参与者都有着直接而深刻的影响。因此，将"两个结合"重要思想应用到"创新和完善宏观调控"，可以更好地发挥中国独特优势，更好地作出符合中国实际和时代要求的正确答卷，得出符合客观规律的科学认识，形成与时俱进的宏观调控理论体系，从而更好地解决新时代改革开放和社会主义现代化建设关于宏观调控的实际问题。

具体而言，在"两个结合"思想的指引下，需要从两个方面入手创新和完善中国特色宏观调控，既要强调中国特色，也要强调一般性。

第一，通过吸收《道德经》等中华优秀传统文化，更加突出中国特色宏观调控的中国特色，以改善宏观调控的效果。通过吸收中华优秀传统文化来强调中国特色宏观调控的中国特色、彰显中国独特优势，是创新和完

---

① 习近平.高举中国特色社会主义伟大旗帜 为全面建设社会主义现代化国家而团结奋斗：在中国共产党第二十次全国代表大会上的报告.北京：人民出版社，2022：17.

善中国特色宏观调控的重要举措。《道德经》是古代哲学思想的重要来源，是中华优秀传统文化中的瑰宝。《道德经》思想通过数以百计的俗语成语和名言警句深深融入中国人的文化血液，广大人民群众日用而不觉。科学借鉴与吸收《道德经》等中华优秀传统文化中的思想与智慧，能更好地理解人的行为，更好地创新与完善宏观调控模式，更好地促进中国经济高质量发展。

第二，通过构建和完善宏观政策"三策合一"新理论框架，更加突出中国特色宏观调控的一般性，以提高其学理性和国际对话能力。基于中国实践，在国际性通用理论体系和话语体系下，提炼出可复制、可推广的一般性宏观调控理论与政策框架。把中国特色宏观调控的具体做法上升到经济学学术理论，不仅有助于推广中国特色宏观调控以供其他国家参考借鉴，更为重要的是可以在基准框架下逐步完善中国特色宏观调控。一种初步探索就是笔者尝试提出的宏观政策"三策合一"新理论框架，将稳定政策、增长政策和结构政策纳入统一的理论框架，旨在消除产出缺口和长期潜在增速缺口，促使实际经济增速、长期潜在增速和最优经济结构下潜在增速合理水平三者趋于一致，从而实现最优经济结构下的短期平稳运行与长期稳定增长。宏观政策"三策合一"新理论框架作为中国经济学理论的有机组成部分，兼备理论的一般性和政策实践的普适性，可以为全球宏观经济治理提供中国智慧与中国方案，更好地解决中国和世界各国所面临的宏观政策系列难题。因此，在宏观政策"三策合一"框架下创新与完善中国特色宏观调控具有可行性和合理性。

秉持上述思路，本书尝试挖掘《道德经》所蕴含的宏观调控治理思想。《道德经》博大精深，蕴含丰富的治理智慧。笔者只是从当代宏观经济学视角和目前所掌握的有限政策实践认知出发，尝试进行总结，可能挂一漏万。未来，随着时间的推移，随着经济理论与实践的不断深入发展，《道德经》中的治理思想一定会得到更好的挖掘和梳理，为经济与社会良好运行作出更大贡献。本书还尝试将《道德经》与宏观调控一般原理相互解读，以试图实现两者的相互完善和相互借鉴。通过借鉴中华优秀传统文化瑰宝《道德经》中的治理思想，以宏观政策"三策合一"为主线，来创新和完善中国特色宏观调控，可以充分发挥中国独特优势、更好地回答和解决中国式现代化新征程中时代和实践提出的中国经济重大问题，早日全面建成社会主义现代化强国。

目 录

001　第一章
《道德经》思想与宏观调控理论的相容相济

　　一、从宏观政策"三策合一"视角看宏观调控的定位
　　　　与作用 …………………………………………………… 003

　　二、《道德经》是中华优秀传统文化中专门研究治理的
　　　　瑰宝 ………………………………………………………… 006

　　三、《道德经》中的治理思想与宏观调控理论在内涵上
　　　　高度一致 …………………………………………………… 008

　　四、用《道德经》的关爱人民、结构优化、治理长久、
　　　　道德力量等宝贵思想，修补宏观调控理论的不足 ……
　　　　……………………………………………………………… 015

　　五、用宏观调控的主动性、刚柔并济功用性、目标明确和
　　　　问题导向性等积极思想，修补《道德经》过于强调柔
　　　　弱守势的消极不足 ………………………………………… 017

021 ● 第二章
用《道德经》解读宏观调控九大理念

宏观调控理念一：宏观调控的最终目的是实现人民幸福 … 023

宏观调控理念二：宏观调控要兼顾稳定政策和结构政策 … 032

宏观调控理念三：宏观调控要打破二分法，兼顾短期
　　　　　　　　和长期 …………………………………… 042

宏观调控理念四：宏观调控要兼顾规则和相机调控，
　　　　　　　　但应以规则为前提 …………………… 049

宏观调控理念五：加强预期管理与提高政策可信度有利于
　　　　　　　　提升宏观调控效率 …………………… 055

宏观调控理念六：政策空间管理有利于提升宏观调控
　　　　　　　　可持续性 ………………………………… 062

宏观调控理念七：宏观调控要重视宏观政策国际协调
　　　　　　　　和大国小国相处之道 ………………… 068

宏观调控理念八："规则化宏观调控＋市场机制"是宏微
　　　　　　　　观政策最佳搭配 ………………………… 071

宏观调控理念九：创新宏观调控以适应经济形态变化…… 075

079 ● 第三章
用宏观调控九大理念解读《道德经》

135 ● 第四章
借鉴《道德经》，以宏观政策"三策合一"为主线创新
和完善中国特色宏观调控

一、中国特色宏观调控的演进历程及其对中国经济增长
　　奇迹的有力支撑 ……………………………………………… 138

二、中国特色宏观调控的特点与优势 …………………… 141

三、中国特色宏观调控的不足 ………………………… 148

四、创新和完善中国特色宏观调控需要强调中国特色
　　和一般性 ……………………………………………… 159

五、中国特色宏观调控改革的具体任务 ………………… 161

172 ● **后记：缘起与总结**

第一章

《道德经》思想与宏观调控理论的相容相济

一、从宏观政策"三策合一"视角看宏观调控的定位与作用

宏观调控理论是宏观经济学的重要组成部分。近百年来，宏观调控理论经历了 20 世纪 30 年代凯恩斯主义、20 世纪 60 年代货币主义和 20 世纪 90 年代新凯恩斯主义等几次里程碑式发展，逐步形成了以新凯恩斯主义短期逆周期调节为内核的传统主流宏观调控理论。

宏观调控或宏观政策有狭义和广义两种类型。狭义宏观政策指稳定政策，有时也被称为总需求管理政策或逆周期调节政策，是经济学教科书所采用的口径。广义宏观政策既包含货币政策和财政政策等稳定政策，还包含产业政策、土地政策、税收政策、收入分配政策、消费政策、投资政策等其他政策手段，是中国和世界各国实践中所采用的政策口径。客观来看，狭义宏观政策口径过小，遗漏了增长政策和结构政策等宏观政策，会导致无法探讨长期经济增长和经济结构等重要宏观问题。广义宏观政策口径过大，大幅增加了宏观理论研究难度，无法在统一框架下对宏观调控进行深入研究，实践中会导致协调成本大幅增加和调控效率大幅下降。

笔者曾倡导使用中等口径的宏观政策，包括稳定政策、增长政策和结构政策三大类最重要的宏观政策[①]。这三大类宏观政策边界比较清晰、内涵比较明确，分别负责实现短期经济金融稳定、长期经济增长和最优经济结构三大目标体系。其他重要政策目标为国家治理目标，由非宏观调控的国家治理政策来实现。中等口径宏观政策涵盖了中国特色宏观调控成功支撑中国经济增长奇迹的三大方面，即短期逆周期调节（包括短期调节和反

---

① 陈彦斌.宏观政策"三策合一"新理论框架：稳定政策、增长政策、结构政策.经济研究，2022（11）：29-47.

危机政策)、长期经济增长(包括五年规划和"三步走"、"两个一百年"等超长期战略部署)和经济结构调整(包括供给侧结构性改革和需求侧管理等),因而具有丰富的实践基础。对宏观调控的中等口径界定,是笔者所提出的宏观政策"三策合一"新理论框架的基础,也是本书交错使用宏观调控、宏观政策、宏观治理等概念的基准。

稳定政策的主要目标是使用财政政策、货币政策和宏观审慎政策应对短期冲击,从而实现短期经济金融稳定目标。需要使用稳定政策的原因在于当经济体遭受外部冲击后,由于存在价格黏性、工资黏性以及公众"动物精神",市场资源配置短时间内产生无效调整,由此导致经济出现短期波动并带来福利损失[1]。

增长政策的主要目标是促进一国的国内生产总值或国民收入实现长期增长。政府部门既要采取增长政策促进资本、劳动和人力资本等单类要素的积累,也要采取增长政策提升技术进步速度以及各类要素之间的配置效率,才能提高潜在增速和帮助经济体保持合意经济增长甚至实现增长奇迹。反之,如果政府部门没能很好地对增长情况作出判断和管理,甚至出台错误的增长政策,则可能面临增长灾难[2]。

结构政策的主要目标是将总需求结构、总供给结构、收入与财产分配结构、债务结构、产业结构等重要宏观经济结构由失衡状态调整至接近最优水平。结构政策至关重要。其一,结构政策可以避免结构失衡所引发的倒 U 形效应,即结构失衡超过一定临界值之后会引发经济运行效率显著下降。增长政策和结构政策都是长期政策,区别在于增长政策视结构因素为外生,而结构政策的目标就是调整经济结构。如果不进行结构调整,那么

---

[1] 凯恩斯. 就业、利息和货币通论(重译本). 高鸿业,译. 北京:商务印书馆,2021;加利. 货币政策、通货膨胀与经济周期:新凯恩斯主义分析框架引论. 杨斌,于泽,译. 北京:中国人民大学出版社,2013.

[2] 韦尔. 经济增长:第2版. 王劲峰,译. 北京:中国人民大学出版社,2011.

结构黏性和多种失衡结构之间的嵌套循环会导致长期潜在增速呈现倒 U 形下降走势。调整总需求结构、总供给结构和收入分配结构等重要宏观经济结构，则可以避免原有结构下潜在增速的倒 U 形效应。其二，结构政策可以打破各种经济结构之间的固化关系和低水平循环。比如，当前中国有可能存在收入分配结构失衡→总需求结构失衡→供给结构失衡→进一步恶化消费能力和总需求结构失衡的恶性循环，只靠市场自身是无法打破的，只有顶层设计的一揽子结构政策才能打破这样的循环。其三，即使重要经济结构没有精准恢复至最优水平，但纠正严重结构失衡也具有显著的宏观经济意义，因为这有助于实现潜在增速的合理增速，有助于提高稳定政策的效率[①]。

宏观调控理论所研究的经济问题、金融问题、社会问题层出不穷，所采用方法如实证分析、计算机模拟、数学建模、人工智能方法等日益复杂，所产生的研究文献浩如烟海。有必要从中总结出若干条宏观调控理念，作为各国宏观政策实践操作的基本遵循。本书主要基于传统宏观政策理论，结合宏观政策"三策合一"新理论框架，尝试总结宏观调控九大理念，分别是：第一，宏观调控的最终目的是实现人民幸福；第二，宏观调控要兼顾稳定政策和结构政策；第三，宏观调控要打破二分法，兼顾短期和长期；第四，宏观调控要兼顾规则和相机调控，但应以规则为前提；第五，加强预期管理与提高政策可信度有利于提升宏观调控效率；第六，政策空间管理有利于提升宏观调控可持续性；第七，宏观调控要重视宏观政策国际协调和大国小国相处之道；第八，"规则化宏观调控＋市场机制"是宏微观政策最佳搭配；第九，创新宏观调控以适应经济形态变化。这九大理念系统总结了宏观调控的政策目的、政策方式、预期管理、国家与市

---

① 陈小亮，陈彦斌. 结构政策的内涵、意义与实施策略：宏观政策"三策合一"的视角. 中国高校社会科学，2022（3）.

场关系、国际政策协调、政策模式自身创新演化等国家宏观调控的重要政策实践，是本书所讨论的宏观调控基础框架。

二、《道德经》是中华优秀传统文化中专门研究治理的瑰宝

《道德经》又称《道德真经》和《老子》，作者为春秋时期的老子（李耳）。全书分为八十一章，共五千字左右。《道德经》是古代哲学思想的重要来源，是中华优秀传统文化的瑰宝，是中国历史上最伟大的名著之一，被誉为"万经之王"。据联合国教科文组织统计，《道德经》是除了《圣经》以外被译成外国文字发布量最多的文化名著。《道德经》既古老，也年轻。三国时期，王弼整理了流传至今的通行版《道德经》。1973年，湖南长沙马王堆汉墓出土了帛书版《道德经》甲乙两个版本。1993年，湖北荆门郭店楚墓出土了战国时代的《道德经》甲乙丙三个版本。

三种、六个版本《道德经》虽然个别表述有所出入，但核心思想还是一致的，即以道为核心研究国家治理。道在《道德经》中具有三种不同含义，分别是描述万物根源的道体、总结规律的规则、约束行为的道德。这三种含义相互呼应，三位一体，不可分割。第一种和第二种含义常称为道，第三种常称为德。第二种含义又可以分为天之道、人之道以及实现天之道的圣人之道三种情形。在世人的通常认知中，道和德是相互割裂的。然而，在《道德经》中，道和德两者融为一体，有道才能有德，有德有助于有道。《道德经》第五十一章是展示这一思想的范例："道生之，德畜之，物形之，势成之"，万物生成有缘起，有过程，有规律，这是道；道对于万物"生而不有，为而不恃，长而不宰"，这是德；要做到有道、有德，关键在于减少干预、不乱作为，"是以万物莫不尊道而贵德。道之尊，德之贵，夫莫之命而常自然"。现代宏观经济学虽然也开始强调通过央行

行长的学术声誉来提高宏观政策效率①，但并没有直面问题和根治问题。《道德经》则升维性地更胜一筹，宏观政策促成经济体健康运行，必须要有道，即坚守"莫之命而常自然"的柔弱定位，这也是宏观政策制定者有德的关键前提。有道促进有德、有德维护有道，形成宏观政策制定与宏观经济运行两者高质量良性循环。

　　古老的《道德经》时至今日仍对国家宏观调控具有强大解释力和指导意义，不在于其准确预见了当今宏观经济运行，而在于文化传承的力量。实事求是地说，人不可能准确预测未来。当前复杂的经济金融体系、宏观调控体系，别说千年以前闻所未闻，就是三十年前都难以想象。人类历史上，宏观调控制度和宏观经济学都出现比较晚，至今都还很年轻：1913年，美国国会通过了《联邦储备法》，威尔逊总统签署了该法案，美国才产生负责宏观调控的中央银行；1936年，凯恩斯发表《就业、利息和货币通论》（以下简称《通论》），才诞生宏观经济学。《道德经》思想之所以到今天仍值得借鉴和吸收，关键在于文化传承的力量。现代经济学的大量实证研究证明了文化因素可以显著影响经济表现。《道德经》以数以百计的俗语成语和名言警句形式，通过一代人接一代人的传承与积淀，已经融入了中华民族的文化血液，对国人言行举止起到了潜移默化的深刻影响。宏观调控作为政策操作，最终要落实到人身上。国人在《道德经》等中华优秀传统文化已经内化于心、外化于行的情况下，自然会对宏观调控与国家治理政策作出相应的判断与应对行动。《道德经》专注于讨论治国理政，已经深深地影响了宏观经济参与者和宏观政策制定者的行为。

　　科学借鉴《道德经》中的治理思想，对于更好地完善现代宏观经济理

---

① Kydland F E, Prescott E C. Rules rather than discretion: the inconsistency of optimal plans. Journal of political economy, 1977, 85 (3): 473-491; Barro R J, Gordon D B. Rules, discretion and reputation in a model of monetary policy. Journal of monetary economics, 1983, 12 (1): 101-121.

论、更好地制定宏观政策，从而更好地促进经济发展具有重要的作用。中华优秀传统文化与中国集中力量办大事的体制机制优势、中国超大规模市场、中国特色宏观调控等共同组成了中国独特优势。2016年5月17日，习近平总书记在哲学社会科学工作座谈会上指出："中华民族有着深厚文化传统，形成了富有特色的思想体系，体现了中国人几千年来积累的知识智慧和理性思辨。这是我国的独特优势。"①党的二十大报告和习近平总书记的多次讲话都强调要把马克思主义基本原理同中国具体实际相结合、同中华优秀传统文化相结合。科学借鉴与充分吸收优秀传统文化《道德经》中的宝贵思想与智慧，有利于更好地理解经济主体的行为，更好地发挥中国独特优势，更好地创新与完善宏观调控模式，更好地促进中国经济高质量发展。

三、《道德经》中的治理思想与宏观调控理论在内涵上高度一致

《道德经》可以提炼出六大治理思想，这些思想与当前主流宏观调控理论内涵相一致。

第一，《道德经》倡导治理定位于不乱作为而非消极厌世，这与宏观调控的功能定位相一致。

宏观调控积极有为是指采用宏观政策对经济波动进行逆周期调节。宏观调控消极无为是指政府不应该调节经济波动。支持宏观调控应该消极无为的论点主要有宏观政策时滞较长而且可变、经济预测较为困难、货币政策在长期中无效。卢卡斯在1987年的经典文献中指出，使用宏观政策消除

---

① 习近平. 习近平谈治国理政：第2卷. 北京：外文出版社，2017：340.

所有美国经济波动所获得的福利改进只有微不足道的0.05%①。从短期视角和危机应对视角来看，这些论点的说服力都不大。宏观调控定位应积极而非消极，但积极是为了弥补不利冲击下市场机制恢复经济正常状态过慢的不足，并非为了取代市场和过多干预经济运行。站在短期视角与危机应对视角，支持宏观调控应该积极有为已经成为主流共识。一是只有靠宏观政策才能走出危机，避免债务－通缩恶性循环和恶性通胀等市场失灵导致的经济崩溃。二是如果没有宏观政策的介入切断，经济的短期下滑会通过迟滞效应加大经济衰退的广度和深度②。三是宏观政策"三策合一"新理论框架综合了短期和长期、总量与结构，具有更强的解决问题能力，更加强化了宏观政策的积极定位③。

长期以来，很多人认为《道德经》倡导消极无为思想和避世厌世思想。其实，《道德经》只是反对乱作为而已。《道德经》明确倡导以无为的方式来实现有为的目的。第三十七章说："道常无为而无不为。侯王若能守之，万物将自化。化而欲作，吾将镇之以无名之朴。无名之朴，夫亦将不欲。不欲以静，天下将自正。"完整和清晰地描述了"无为而无不为"的国家宏观治理与经济运行之间的逆周期调节关系。第二十九章说"是以圣人去甚，去奢，去泰"，此处的"去甚，去奢，去泰"三个词语表明不要强行作为和不要采用极端的措施来乱作为。第二章说"为而不恃，功成而弗居"，清晰地表明了国家需要有所作为，只是要做到"不恃"和"功成"后而"弗居"。

第二，《道德经》倡导治理要"以百姓心为心"，这与宏观调控的最终

---

① Lucas R. Models of business cycles. Oxford: Basil Blackwell, 1987.
② 陈彦斌. 中国特色宏观调控如何更好发挥政府与市场作用. 财经问题研究, 2020 (3): 10-18.
③ 陈彦斌. 宏观政策"三策合一"才能有效应对当前经济复杂格局. (2020-11-16) [2023-01-10]. https://economy.gmw.cn/2020-11/16/content_34371843.htm.

目的相一致。

宏观经济学至今无法在宏观模型设定上有效区分宏观政策的最终目的与目标。区分宏观调控最终目的与目标很有必要。宏观经济学主要刻画宏观政策当局使用货币政策等工具实现经济稳定和金融稳定两大宏观政策目标，但是将经济波动稳定至零、将金融因素的波动也稳定至零，并不能说明宏观政策就是最优。即使考虑到了经济增速与潜在增速之间缺口的稳定性，也未必见得增长率越高越好。西方宏观经济学难以给出超越简单数字计算的、具有价值评价的、符合实际感知的理论回答。对于这一问题，中国宏观经济实践有新的认识。2015年，党的十八届五中全会强调："必须坚持以人民为中心的发展思想，把增进人民福祉、促进人的全面发展作为发展的出发点和落脚点。"① 以人民为中心的新发展理念，超越了西方宏观经济理论的简单建议。宏观经济理论需要与时俱进，既要强调宏观政策的经济与金融双稳定目标，也要强调以人民为中心的目的。

与中国宏观调控以人民为中心的新理念有异曲同工之妙的是，《道德经》明确指出国家没有自己的一贯利益，而是把人民利益当作自己的核心利益、最高利益。习近平总书记多次引用的"以百姓心为心"源自《道德经》第四十九章"圣人常无心，以百姓心为心"。《道德经》中的圣人可以解读为宏观政策制定者或国家。第四十九章指出国家善待他人如同善良父母对待每一个自己的孩子，没有选择性、偏爱性，"善者，吾善之；不善者，吾亦善之；德善。信者，吾信之；不信者，吾亦信之；德信。圣人在天下，歙歙焉，为天下浑其心，百姓皆注其耳目，圣人皆孩之"。《道德经》认为以人民为中心才能受到民众的衷心拥戴，第六十六章说，"是以圣人欲上民，必以言下之；欲先民，必以身后之。是以圣人处上而民不

---

① 中共中央关于制定国民经济和社会发展第十三个五年规划的建议．北京：人民出版社，2015：5.

重，处前而民不害。是以天下乐推而不厌"。《道德经》还认为人民幸福和国家利益相统一、相互促进、不可分割，两者并不矛盾，第八十一章说，"圣人不积，既以为人己愈有，既以与人己愈多"。

第三，《道德经》强调规则化治理，这与主流宏观调控理论倡导规则重要性高于相机调控相一致。

按规则实施的宏观调控是指政策制定者事前宣布政策如何对各种情况作出反应，并承诺始终遵循所宣布的规则。相机调控的政策是指政策制定者在事件发生时自由地作出判断并选择当时看来合适的政策。主流观点建议使用通胀目标制等规则化的宏观调控，反对使用相机调控方式的宏观调控。不过，2008年国际金融危机后，理论界和政策界认识到仅仅是物价稳定还不足以保证经济稳定与金融稳定，故政策应保持一定灵活性。近年来中国也较多使用相机调控，有时由于计划赶不上变化，中国随着经济形势的发展变化，会采取相机调控方式来改变在年初所制定的年度增长目标、政策工具中介目标。国内外宏观调控实践中，宏观调控的规则与相机调控是并存的。因此，最新理论共识是，宏观调控策略应该兼顾规则与相机调控，但前提是宏观调控要有规则，制定规则有规则，偏离规则也有规则。

《道德经》全书多处蕴含了规则化治理思想，经济运行本身有规律和有恢复至动态化稳态的趋势，规则化宏观调控才不会破坏经济运行规律和趋势。第十六章说："万物并作，吾以观复。夫物芸芸，各复归其根。"第三十七章说："道常无为而无不为。侯王若能守之，万物将自化。化而欲作，吾将镇之以无名之朴。无名之朴，夫亦将不欲。不欲以静，天下将自正。"这两段话都体现了《道德经》关于经济运行有规律的思想。

第四，《道德经》倡导治理者要怀不争之德，这与宏观调控理论要求政府与市场要和谐相处相一致。

对政府与市场之间关系的理解容易走极端，既有理论要么过于看重政府的作用，要么过于看重市场的作用。党的十八届三中全会对于政府与市场关系的理解则更加辩证："处理好政府和市场的关系，使市场在资源配置中起决定性作用和更好发挥政府作用。市场决定资源配置是市场经济的一般规律，健全社会主义市场经济体制必须遵循这条规律，着力解决市场体系不完善、政府干预过多和监管不到位问题。"①

对于宏观政策而言，政府与市场两者不能处于对立关系。实施宏观政策既要发挥好政府的作用，也要发挥好市场的作用。经济运行天生并不稳定，人存在凯恩斯所称的"动物精神"，有时候有过于乐观的情绪，有时候又有过于悲观的情绪，这导致投资要么过度，要么不足。对于这种外生的经济冲击需要采用政府政策才能平抑，但这种平抑不是要直接干预市场，而是通过货币政策和财政政策等间接政策维护市场经济的平稳运行。因此，宏观调控的制定确实是靠政府，但核心是发挥好市场的作用。

不争恰恰也是《道德经》的核心思想之一。国家对民众、政府对市场、大国对小国、强者对弱者，都要行不争之道、怀不争之德。《道德经》第八章说："上善若水。水善利万物而不争，处众人之所恶，故几于道。居善地，心善渊，与善仁，言善信，政善治，事善能，动善时。夫唯不争，故无尤。"《道德经》第六十四章还指出："是以圣人欲不欲，不贵难得之货；学不学，复众人之所过，以辅万物之自然而不敢为。"宏观经济政策最终目的是提升民众福利，所以国家不能与民争利，宏观调控不能与市场争长短，这是处理好政府与市场关系的基本前提。凡是市场和民众能够做的、愿意做的，就要让市场和民众发挥作用。凡是市场和民众不能做的、不愿意做的，出现了市场失灵，国家就要勇挑重担、发挥作用。比如说，基础研究、高铁等投资巨大的基础设施，经济收益远小于社会收益，只能由国家来托底。正是因为政府做到了"不争"，做到了"水善利万物

---

① 中共中央关于全面深化改革若干重大问题的决定．北京：人民出版社，2013：5-6．

而不争"的基本出发点和坚持以人民为中心的基本定位，市场经济才能有序运行。

第五，《道德经》倡导治理要行长久之道，这与宏观调控最新理论倡导政策空间管理和退出机制以增强政策可持续性相一致。

在各国宏观政策实践中，政策空间管理很重要。政策空间不足，政策就容易发生急转弯，这会打击市场信心，进而导致宏观调控效果大打折扣。《道德经》第五十九章说："治人事天，莫若啬。夫唯啬，是谓早服；早服谓之重积德；重积德则无不克；无不克则莫知其极；莫知其极，可以有国；有国之母，可以长久；是谓深根固柢，长生久视之道。"借鉴《道德经》的这一思想，宏观经济治理需要节省空间和更好保持连续性。此外，政策空间不是越大越好，需要适度。政策空间过小，会导致宏观政策可持续较差；政策空间过大，会导致宏观政策成本过高。《道德经》第四十四章指出过多必然浪费，"甚爱必大费；多藏必厚亡"。还进一步指出当前空间知足有利于可持续性，"知足不辱，知止不殆，可以长久"。政策力度实现政策效果与目标也要兼顾空间管理。《道德经》第二十三章说："希言自然。故飘风不终朝，骤雨不终日。孰为此者？天地。天地尚不能久，而况于人乎？"宏观政策力度要在政策代价、政策效果、政策空间之间取得最佳平衡。《道德经》第三十章说："善有果而已，不敢以取强。果而勿矜，果而勿伐，果而勿骄，果而不得已，果而勿强。物壮则老，是谓不道，不道早已。"

宏观政策退出机制指当经济金融危机已经结束或快要结束时，需要取消应对危机所采取的扩张性宏观政策。非常规宏观政策由于其临时性特点，更是需要退出机制。退出机制的好处是有利于节省和预留政策空间。《道德经》第九章也蕴含了与退出机制相关的处世与治理智慧："持而盈之，不如其已；揣而锐之，不可长保。金玉满堂，莫之能守；富贵而骄，自遗其咎。功遂身退，天之道也。"

第六，《道德经》多处蕴含了治理可信度思想，这与宏观调控理论倡导预期管理以提高宏观治理效率相一致，而且因其纳入了道德考量而更为高超。

预期显著影响经济主体的行为和经济运行。新凯恩斯主义与新古典宏观经济学都承认理性预期，不同之处在于前者强调短期内价格具有黏性。正是由于这一关键性假定，新凯恩斯主义论证了预期之中和预期之外的宏观政策都可以显著影响总产出和宏观经济运行，从而承续了凯恩斯于1936年提出的宏观政策干预主义。基于微观数据的实证研究也验证了短期内价格确实具有黏性[1]。因此，预期影响经济运行的理论逻辑与实践基础是完善的，宏观政策的效果究竟怎么样还取决于公众对于政策的信心。预期管理通过加强与公众的信息沟通来引导公众预期，从而提高宏观政策的调控效率。加强预期管理，既可以提高宏观政策传导效率，又可以节约宏观政策空间。

《道德经》的多处论述与预期管理相关。第十七章指出了政策可信度的重要性，"信不足焉，有不信焉。悠兮其贵言"；第六十三章的"夫轻诺必寡信"蕴含了政策制定者的声誉与道德对于政策可信度有直接影响；第八十一章认为真话不需要华美之词，善人不需要巧辩，"信言不美，美言不信。善者不辩，辩者不善。知者不博，博者不知"；第七十章蕴含了规则化宏观调控可更好地管理预期，"吾言甚易知，甚易行。天下莫能知，莫能行。言有宗，事有君。夫唯无知，是以不我知。知我者希，则我者

---

[1] Blinder A S. Asking about prices: a new approach to understanding price stickiness. New York: Russell Sage Foundation, 1998; Klenow P J, Kryvtsov O. State-dependent or price-dependent pricing: does it matter for recent U. S. inflation? . Quarterly journal of economics, 2008, 123 (8): 863-904; Nakamura E, Steinsson J. Five facts about prices: a reevaluation of menu cost models. Quarterly journal of economics, 2008, 123 (11): 1415-1464.

贵。是以圣人被褐怀玉"。宏观调控有规则，以及当需要相机调控时有偏离规则的规则，那么政策才会"甚易知，甚易行"，取得良好政策效果。究其原因，相比相机调控，规则化宏观调控不破坏经济自然运行，也就不破坏预期，从而可以更好地实施预期管理。《道德经》第十七章说："太上，下知有之；其次，亲而誉之；其次，畏之；其次，侮之。信不足焉，有不信焉。悠兮其贵言。功成事遂，百姓皆谓：'我自然。'"规则化宏观调控可以实现"下知有之"的最佳状态，民众只是感受到政策的存在并且信任之和理性预期之，即使政策已经落地和已经取得了成效，"百姓皆谓：'我自然。'"，民众都不认为自己所参与的经济运行机制受到了破坏。

四、用《道德经》的关爱人民、结构优化、治理长久、道德力量等宝贵思想，修补宏观调控理论的不足

《道德经》虽然产生于两千年之前，但在内涵上与宏观调控理论高度兼容一致，尤其体现在规则化宏观调控方面。在两者一致性的基础上，《道德经》与宏观调控理论要取长补短、相互完善，以更好地创新和完善宏观调控理论，更好地解读和应用《道德经》。

宏观调控理论与实践与时俱进，但时至今日仍然存在不足。在《道德经》等中华优秀传统文化的观照之下，其不足之处尤为明显。主要表现在：宏观经济学二分法导致宏观政策短期和长期统筹考虑得不好，不符合实际情况；宏观政策对于结构性问题关注不够；宏观政策几乎从不涉及道德的力量。可以借助《道德经》宝贵思想，修补宏观调控理论所存在的问题与不足。

第一，借助《道德经》中的结构性思想，更加强调宏观调控要兼顾稳定政策和结构政策。宏观调控的政策实践对于结构性问题考虑过少，这固

然是与宏观调控历史较短、实践经验还不够丰富有关，但根本性的原因还是理论认识不够深刻。相比较而言，《道德经》相关表述可以帮助加深对结构政策的认识。比如，《道德经》第二十九章说："故物或行或随；或歔或吹；或强或羸；或培或堕。是以圣人去甚，去奢，去泰。"即人与人之间和事物与事物之间均存在差异性，治理也应该因此而避免走极端。宏观调控理论与实践有必要借鉴《道德经》的这一宝贵思想，这也是实现中华优秀传统文化的创造性转化、创新性发展。将《道德经》关于结构性政策的认识融入宏观政策，与宏观政策"三策合一"框架是兼容的，即宏观调控要兼顾稳定政策和结构政策。兼顾两者的宏观政策会比只盯住经济金融稳定目标能实现更好的福利总水平，尤其是部分结构所关联的福利状况会得到应有的保证。而且，经过结构优化之后的稳定政策可以有效提升效率。因此，吸收《道德经》关于结构性的思想，使得宏观调控兼顾稳定政策和结构政策具有真正意义上的实践价值。

第二，借助《道德经》中的二元对立转换思想打破传统宏观经济学中的二分法桎梏，更加强调宏观调控要兼顾短期和长期。宏观经济学受到二分法的限制而将短期与长期问题截然分开，但现实中宏观调控政策制定很少有单纯的短期或长期考虑，往往都是中期考虑，或者是短期也要考虑长期性因素、长期也要考虑短期性因素。宏观经济学二分法并不符合宏观政策制定的现实情况。《道德经》认为对立面是相对的，第二章说："天下皆知美之为美，斯恶已；皆知善之为善，斯不善已。有无相生，难易相成，长短相形，高下相盈，音声相和，前后相随。"第五十八章强调了对立面可以转换："祸兮，福之所倚；福兮，祸之所伏。孰知其极？其无正。正复为奇，善复为妖。人之迷，其日固久。"借助《道德经》二元对立转换的深刻思想，宏观调控政策可以更好地兼顾短期和长期，从而更好地实现包含短期经济目标和长期经济目标在内的总体发展目标。如此，才能走出宏观调控瞻前顾后、犹豫不决、经常丧失行动良机的困局，才能真正实现以人民幸福为度量标准的最终目的。

第三，借助《道德经》对于道德行为的深刻认识，宏观调控因政策制定者具有更好的道德力量而具有更高的政策可信度，从而提升预期管理效率。西方宏观政策理论最新进展认识到政策制定者声誉可以影响宏观经济的表现和宏观政策的效率，但到目前为止，对于道德作用的认识仍然不够深入。《道德经》第十九章认为宏观调控者的道德修养深刻影响公众行为与经济运行，因而宏观调控的简洁明了有助于预期管理和提高调控效率："绝智弃辩，民利百倍；绝伪弃诈，民复孝慈；绝巧弃利，盗贼无有。此三者以为文，不足。故令有所属：见素抱朴，少私寡欲。"宏观政策制定者的道德修养所释放的经济信号容易被市场和公众所观察到，并影响到宏观政策的预期管理效率。第五十四章说："故以身观身，以家观家，以乡观乡，以邦观邦，以天下观天下。吾何以知天下然哉？以此。"因此，在现代宏观政策理论与实践之中更为强调道德的作用，尤其是宏观政策制定者的道德修养，这对于提升宏观政策的效率是很重要的。

五、用宏观调控的主动性、刚柔并济功用性、目标明确和问题导向性等积极思想，修补《道德经》过于强调柔弱守势的消极不足

《道德经》反复强调治理要采取柔弱守势。从全书的整体逻辑和所站长期视角甚至是超长期战略视角来看，这有一定道理，如此方能引出宏观调控与国家治理长治久安的终极目的、评价标准和应对方略。

但是，过于强调柔弱守势也是《道德经》的不足与瑕疵。比如，第六十七章说："我有三宝，持而保之。一曰慈，二曰俭，三曰不敢为天下

先。"第七十三章说:"勇于敢则杀,勇于不敢则活。此两者,或利或害。"第七十六章说:"人之生也柔弱,其死也坚强。草木之生也柔脆,其死也枯槁。故坚强者死之徒,柔弱者生之徒。是以兵强则灭,木强则折。强大处下,柔弱处上。"这些论述容易给读者留下倡导消极的深刻印象。而且,这些论述与实际情况也不相符。就个体而言,他人恶意中伤本人,本人按照《道德经》原意所建议的一味强调柔弱守势,一味"认怂",就能如愿以偿地解决问题?这恐怕难以令人信服。就国家而言,他国恶意针对本国,本国一味忍让,恐怕会丧失主权,这更是不符合《道德经》以追求人民幸福为目的的国家治理本意。

在世界各国都出现一些"躺平"现象的背景下,需要注意吸收传统文化中的积极因素而不是消极因素。有鉴于此,有必要借助宏观调控的积极主动思想,修补《道德经》的不足。当然,修补并不是要窜改《道德经》,而是在尊重原意的基础上,更好地解读《道德经》,使古老思想萌生新意,以更好地解决新问题。

第一,吸收宏观调控的主动性,《道德经》可以在本就有的前瞻性基础上更富战略性、主动性和建设性,从而避免《道德经》一味倡导柔弱守势的缺陷。

宏观调控强调政策的主动性与战略性。现代货币政策理论将货币政策分为依照规则的自动性设定和超出既定规则的主动性设定。只有通过主动性和战略性的前置,在危机爆发之前、在陷入政策失灵之前就采取行动,才能取得最好的政策效果,比如,资产泡沫事先处理的成本要远小于事后清理的成本。当然,现实中当危机导致的问题还不够严重时,当局不愿意采取政策行动,更多是从长远考虑来遵循规则。这再次表明政策制定者的道德信誉对于政策可信度和效率提升至关重要。《道德经》多处强调前瞻性。第六十四章说:"其安易持,其未兆易谋。其脆易泮,其微易散。为之于未有，治之于未乱。"第五十九章说："治人事天，莫若啬。夫唯啬，是谓早服；早服谓之重积德；重积德则无不克；无不克则莫知其极；莫知其极，可以有国；有国之母，可以长久；是谓深根固柢，长生久视之道。"这两章的表述都强调前瞻性的重要性。此外，第三十四章说："大道泛兮，其可左右。万物恃之以生而不辞，功成而不有。衣养万物而不为主，可名于小；万物归焉而不为主，可名为大。以其终不自为大，故能成其大。"此处道德谦让与国家治理的主动性并不矛盾，这也表明增强《道德经》的主动性并不是要增加攻击性。因此，吸收宏观调控主动性的可贵之处，《道德经》的治理思想可以具有更强的主动性，对于国家治理和单位治理都会具有更好的借鉴价值。

第二，在遵从《道德经》的"柔弱胜刚强"原意基础上，吸收宏观调控理论尤其是宏观政策"三策合一"新理论的目标明确和问题导向等优点，将强调柔弱重新解读为"刚柔并济、内刚外柔"。

宏观调控理论与实践的问题导向性强。宏观调控就是要解决问题，实现特定经济目标。2008年国际金融危机之前的宏观调控理论强调实现以物价稳定为主要目标的经济目标，其后更加强调实现经济与金融双稳定目标。另有部分国家设定更加多元化、广义化的宏观调控目标。宏观政策"三策合一"理论将宏观调控目标与国家治理目标区分开来，并进一步将之分为稳定、增长、优化三大目标体系。宏观经济学发展中的大量研究就是在不断实证性地探寻实现各个目标的各种传导机制是否显著，以及何种机制是具有政策操作性的主要机制。无法有效实现目标的机制就不具备政策价值，即使它在定性上和理论上是成立的。

值得注意的是，《道德经》虽然认为应该采取柔弱守势，但并没有否定刚强。比如第三十六章说，"柔弱胜刚强。鱼不可脱于渊，国之利器不可以示人"，提出了"柔弱胜刚强"，但也提到了"国之利器"是存在的，只是不要随意展示；又比如第五十八章说，"是以圣人方而不割，廉而不刿，直而不肆，光而不耀"，确实提到了国家治理与制定者要"不割""不刿""不肆""不耀"，但前提是要"方""廉""直""光"，要先刚而后柔。也就是说，《道德经》部分章节本就具有内刚外柔的含义。

《道德经》进一步吸收宏观调控理论的目标明确和问题导向等优点，将强调柔弱更好地重新解读为"刚柔并济、内刚外柔"，这并不破坏《道德经》部分章节的"柔弱胜刚强"含义，还能明显增强《道德经》的阳刚之气、问题可解决性，也就增强《道德经》的实用性。从而在切实推动《道德经》等中华优秀传统文化创造性转化、创新性发展的过程中，更创新、更好地解决大量亟待解决的新问题，让世界更美好。

第二章

用《道德经》解读宏观调控九大理念

本章将宏观调控九大理念与《道德经》八十一章进行细致比对研究，有助于宏观调控理论与《道德经》两者相互印证、相互启发，进而相互促进、相互完善。

宏观调控理念一： 宏观调控的最终目的是实现人民幸福

1. 西方宏观理论着眼于宏观政策目标而忽视了最终目的

宏观调控当局使用货币政策和财政政策等政策工具实现预先设定并公开宣称的政策目标，主要包括经济稳定和金融稳定两大目标。2008 年国际金融危机之前，主流宏观理论建议宏观政策钉住价格稳定和产出稳定等经济稳定指标，代表性理论有泰勒规则理论和通胀目标制等。2008 年国际金融危机之后，学界意识到金融稳定也是无法忽视的重要政策目标，因此需要新增宏观审慎政策作为专门的政策工具来实现金融稳定[1]。

凯恩斯《通论》出版已经八十多年，至今仍无法在宏观模型设定中区分宏观政策的最终目的与目标。区分两者具有重要意义，因为将经济波动稳定至零和将金融因素的波动也稳定至零的宏观政策未必就是最优。即使考虑到了经济增速与潜在增速之间缺口的稳定性，也未必见得增长越高越好。西方宏观理论难以给出具有价值评价和超越简单数字计算的理论回答。

2. 借鉴《道德经》，宏观调控的最终目的是为了人民幸福而不是增长数字本身

《道德经》第四十九章指出国家没有自己的利益，而只有人民的利益，"圣人常无心，以百姓心为心"，"圣人在天下，歙歙焉，为天下浑其心，百姓皆注其耳目，圣人皆孩之"。《道德经》中的圣人可以理解为宏观调控

---

[1] Mishkin F S. Monetary policy strategy：lessons from the crisis. Brookings Papers on Economics Activity，2011，TN. 16755；Blanchard O. Rethinking macroeconomic policy. Journal of money，credit and banking，2010，42（9）：199 - 215.

政策制定者或国家。国家治理的最终目的是为了人民幸福，国家没有自己的一贯利益，而是把人民利益与幸福当作自己的利益。

《道德经》第二十章指出民众幸福比宏观调控者幸福更为重要："绝学无忧。唯之与阿，相去几何？美之与恶，相去若何？人之所畏，不可不畏。荒兮，其未央哉！众人熙熙，如享太牢，如春登台。我独泊兮，其未兆，如婴儿之未孩；儽儽兮，若无所归。众人皆有余，而我独若遗。我愚人之心也哉！沌沌兮！俗人昭昭，我独昏昏。俗人察察，我独闷闷。澹兮其若海；飂兮若无止。众人皆有以，而我独顽且鄙。我独异于人，而贵食母。"民众与宏观调控者两者表面上截然不同，但相去不远，民众敬畏宏观调控者，宏观调控者也要敬畏民众。敬畏的本质不在于权势，而在于以人民利益为最高利益。正因为如此，民众幸福比宏观调控者幸福更为重要。

《道德经》第八十章指出人民幸福是人民热爱国家的根本原因："小国寡民。使有什伯人之器而不用；使民重死而不远徙。虽有舟舆，无所乘之；虽有甲兵，无所陈之。使民复结绳而用之。甘其食，美其服，安其居，乐其俗。邻国相望，鸡犬之声相闻，民至老死，不相往来。"长期以来，不少人对此章有误解，认为这是在鼓吹消极厌世。其实不然。"小国寡民"并不是消极厌世的代名词，而是以其生活状态来生动刻画民众对幸福生活的向往与追求。一国宏观经济治理效果好，实现了满足人民日益增长的美好生活需要的宏观治理最终目的，达到了"甘其食，美其服，安其居，乐其俗"的状态。那么，即使本国弱小贫穷，本国国民也并不向往隔壁的大国强国，并不需要坚定意志就愿意长久生活在可以提供幸福生活的本国。

3.《道德经》强调国家治理要善待人民

善待人民才能受到民众的衷心拥戴。国家把人民利益视为第一位，因此，人民热爱国家，国家也就获得强大的凝聚力。《道德经》第六十六章说："江海之所以能为百谷王者，以其善下之，故能为百谷王。是以圣人欲上民，必以言下之；欲先民，必以身后之。是以圣人处上而民不重，处前而民不害。是以天下乐推而不厌。以其不争，故天下莫能与之争。"国家善待民众，以人民为中心，民众就真心实意拥戴国家。

人民幸福和国家利益两者是相互统一、相互促进、不可分割的，两者并不矛盾，将两者对立起来是错误的。《道德经》从哲学观的视角多处批评将两者简单化地对立起来。第二章指出："有无相生，难易相成，长短相形，高下相盈，音声相和，前后相随。"有为和无为，两者相生，相辅相成，不能完全割裂开来。第四十章进一步指出："反者道之动；弱者道之用。天下万物生于有，有生于无。""反"有相反的意思，也有返回的意思，该章表明万事万物都在相反对立情形下运行。按照《道德经》的思想，国家利益就是人民的利益，这一思想和党的二十大报告所强调的以人民为中心的新发展理念在内涵上高度一致。国家发展源于广大人民的支持，最终也是为广大人民的福祉提供强大的、长久的根本保障。第八十一章陈述了这一道理："圣人不积，既以为人己愈有，既以与人己愈多。"第七章则进一步论述了正因为把人民利益视为第一位，国家利益才能得到长久保证："天长地久。天地所以能长且久者，以其不自生，故能长生。是以圣人后其身而身先；外其身而身存。非以其无私邪？故能成其私。"

人民幸福既是国家宏观调控的最终目的，也是过程性手段。《道德经》第八十一章总结性地指出："圣人不积，既以为人己愈有，既以与人己愈多。"国家越是为人民幸福着想，国家就越是强大，国家越是给予人民，国家就越是富裕。现代宏观经济理论难以将这一逻辑进行模型化，并非长达两千多年的古老《道德经》思想比基于现代复杂经济金融运行体系的宏观理论更先进，而是《道德经》超越简单化建模，基于人性直接抓住问题的本质，才让国家利益和人民幸福之间的关系简洁而深刻。

善待人民可以使国家治理与宏观调控更具备可操作性。国家治理难度很大，《道德经》第七十五章指出了解决之道关键在于善待人民："民之饥，以其上食税之多，是以饥。民之难治，以其上之有为，是以难治。民之轻死，以其上求生之厚，是以轻死。夫唯无以生为者，是贤于贵生。"

西方宏观理论难以解释中国宏观经济的一个重要特征，即政策协调下的中国大缓和。中国货币政策和财政政策在国务院和中央财经委员会的领导下，具有很好的协调性。按照西方宏观理论的解释，这容易导致恶性通胀，因此反对两者协调性而建议央行独立性[①]。然而，21世纪以来中国经济出现了"高增长、低通胀"的中国大缓和，其成就并不亚于20世纪90年代的美国大缓和。中国经济实际与西方宏观理论不一致的核心原因在于，人民性是中国经济模式的出发点，近几年更是提出以人民为中心的新发展理念。在人民幸福最终发展目的的指引和约束下，货币政策和财政政策协调也就不会引致广大民众所厌恶的高通胀。

4. 借鉴《道德经》，善待全体人民要抛弃主观成见和选择性

国家善待他人应该不加选择。首先，总体上，国家看待民众应该如同父母看待自己的孩子，父母对待自己的孩子总是最无私的。《道德经》第四十九章说："圣人在天下，歙歙焉，为天下浑其心，百姓皆注其耳目，圣人皆孩之。"民众有智慧、有狡猾，但国家如同对待自己孩子一样对待每一位民众，即使是不善之人也要以善相待，即使是无诚信之人也要以诚

[①] 当然，Sims 和 Cochrane 也指出，货币、财政政策协调并不一定带来高通胀。如果在货币、财政政策协调中，货币政策处于相对主导而财政政策处于相对从属的地位并保持财政平衡，那么物价水平可以得到稳定。反之，如果货币、财政政策不协调，货币政策处于紧缩定位的同时财政政策大幅扩张，那么很可能引起高通胀。（Sims C. A. Stepping on a rake: the role of fiscal policy in the inflation of the 1970s. European economic review, 2011, 55 (1): 48-56; Cochrane J. The fiscal theory of the price level. Princeton: Princeton University Press, 2022.）

相待。其次，结构上，国家不只是整体性地关爱人民，而且是无偏地关爱每一位人民。第四十九章说："圣人常无心，以百姓心为心。善者，吾善之；不善者，吾亦善之；德善。信者，吾信之；不信者，吾亦信之；德信。"按照这一逻辑，国家要无所偏爱地对待每一位国民、每一家企业。无论出生在城市还是农村，都是本国国民，都应该一视同仁地享有大致相同的福利待遇。无论是国有企业，还是民营企业，只要能够解决就业、能够依法纳税、能够推动技术进步，都是好的企业，都应该一视同仁地加以扶持。《道德经》还提出了"天地不仁"和"天道无亲"思想以倡导国家的关爱不应该有选择性。第五章说："天地不仁，以万物为刍狗，圣人不仁，以百姓为刍狗。"第七十九章说："天道无亲，常与善人。"刍狗是古时祭祀时用草扎成的狗，祭祀结束就抛弃。不仁，以万物和百姓为刍狗，意指国家要无所偏爱，而不是指国家残忍而无所怜惜。

《道德经》第二十九章说："故物或行或随；或嘘或吹；或强或羸；或培或堕。是以圣人去甚，去奢，去泰。"借鉴这一思想，宏观调控应该充分考虑人与人之间的差异性。以当前中国收入差距和货币政策为例，富人比穷人的财产性收入要更高，因而具有更好的抗通胀能力。在收入差距较大的情况下，货币政策实施力度没有达到最优而导致的一场非合意通胀会进一步加大贫富差距和引发社会问题。而且，中国中低收入人群规模较大，全国居民恩格尔系数相对偏高，食品消费支出在中国居民总体消费中的占比依然较大，食品价格上涨型的通胀更是容易对中低收入人群生活质量产生影响。因此，需要依靠货币政策和财政政策来稳定非食品价格的核心CPI，也需要依靠产业政策与社会政策来增加食品供应并增强对中低收入群体的保障。

《道德经》认为"善"作为动态过程，既是方式手段，也是目的。国家不只是简单地考虑民众的差异性，而是要通过民众的差异性，深刻地表明国家要善待并使所有人都得到幸福，国家因此而得"善"。《道德经》的这一观点超越了主流宏观理论的通常认知，比简单平均主义、边沁主义所倡导的加总福利最大化原则和罗尔斯主义所倡导的弱势群体福利最大化原则更深刻、更动态和更能实现幸福目的。

《道德经》认为治理要做到"无弃人""无弃物"，要做到人尽其才、物尽其用，即国家要抛弃结构性扭曲，才能有效提高潜在经济增速和促进长期经济增长。《道德经》第二十七章指出："善行无辙迹；善言无瑕谪；善数不用筹策；善闭无关楗而不可开；善结无绳约而不可解。是以圣人常善救人，故无弃人；常善救物，故无弃物。是谓袭明。故善人者，不善人之师；不善人者，善人之资。不贵其师，不爱其资，虽智大迷，是谓要妙。"中国有十四亿多人口，还有巨大的资本积累。把每一个人都用起来，把其潜力都开发出来。把每一分钱的投资资金都花在刀刃上，尽可能注入实体经济，提高投资效率，减少金融空转和脱实向虚，减少无效投资。那么，何愁经济增速不能可持续地以较高速再增长30年呢？如果再切实提高各阶层居民收入和居民消费，那么就能通过形成更好的经济双循环新格局来促进中国经济又好又快地发展。

借鉴《道德经》的"无弃人""无弃物"思想，对于结构性问题的理解会比西方宏观理论更为深刻。主流宏观理论主要使用代表性个体研究范式，而较少关注人与人之间的差异性。代表性个体研究范式最早可以追溯到1920年版的马歇尔《经济学原理》，是指宏观经济的变化可以看成某个代表性个体在给定市场约束与偏好下作出最优化决策的行为体现[①]。长期以来，代表性个体研究范式主导了现代宏观经济学研究，无论是新古典长期增长理论体系，还是新凯恩斯短期经济波动理论体系，其中的宏观经济运行可以通过代表性消费者和代表性厂商的经济行为来刻画。20世纪70

---

① Marshall A. Principles of economics. London：MacMillan，1920.

年代，以卢卡斯与萨金特为代表的新古典宏观经济学家着力推动理性预期革命，主流宏观经济学进一步确立了代表性个体研究范式的核心地位。尽管代表性个体假设能够为宏观经济研究提供极大便利，但该假设的逻辑一致性在历史上一直备受质疑，尤其是宏观经济的总体生产状况是否能够使用代表性厂商或者总体生产函数来刻画面临诸多挑战。以罗宾逊与斯拉法为代表活跃在英国剑桥的后凯恩斯学派以及以萨缪尔森与索洛为代表活跃在美国剑桥的新古典综合学派对总体生产函数是否具有逻辑基础展开了超过20年的漫长学术辩论，这在经济学说史上被称为两个剑桥之争。英国剑桥学派从逻辑上成功论证了总体生产函数在很多情况下并不存在，即不能使用代表性厂商假设来刻画总体生产情况。主流宏观理论将全部个体的效用函数进行加权求和而形成经济体总福利水平，从而实施宏观政策降低经济波动性使全体民众的福利水平最大化。然而简单地使用代表性个体来度量，忽视了经济体中的亿万民众在收入和财产以及对幸福理解等等方面的差异性，这容易导致很多人被平均，容易导致大量复杂的社会问题被掩盖。比如，在代表性个体设定下，货币政策不会导致贫富差距问题。但现实情况却是，由于货币政策释放的资金更多地流向房地产与金融领域，导致富人越来越富，贫富差距被显著拉大。从经济、政治、社会的宽广视角来看，这并不利于发现真问题和找到解决问题的正确措施。

5. 借鉴《道德经》，要把握好人民幸福的真谛和实现人民幸福的方式

人民幸福的真谛是什么呢？在主流宏观理论数学化表达的话语体系里，通常用消费度量民众幸福和福利，有时也按照生命周期理论或永久收入假说的建议而直接使用收入或国内生产总值（GDP）。消费和GDP确实是幸福的重要源泉，即使是人类指数等度量幸福更为合理的量化指标体系

中的主要指标也都包含GDP。然而，GDP遗漏了闲暇、污染、不平等等与幸福密切相关的重要因素，难以准确抓住幸福的真谛。幸福并非消费品和服务数量充沛、品质优良，也并非越奢侈越好。有时还恰恰相反，过度消费尤其是奢侈性消费并不使人幸福。《道德经》第十二章指出："五色令人目盲；五音令人耳聋；五味令人口爽；驰骋畋猎，令人心发狂；难得之货，令人行妨。是以圣人为腹不为目，故去彼取此。"按照这一建议，要倡导"为腹不为目"，追求内在的实际幸福生活，即"腹"，而不是外在的物欲横流，即"目"。

《道德经》第三章指出："不尚贤，使民不争；不贵难得之货，使民不为盗；不见可欲，使民心不乱。是以圣人之治，虚其心，实其腹，弱其志，强其骨。常使民无知无欲，使夫智者不敢为也。为无为，则无不治。"这一条很有借鉴意义。现实中，一些部门频繁举办各种名目的评奖评优，原本应该起到先进激励后进的作用，至少也应该以精神激励弥补钱与物质的不足。但实际效果并不好，经常造成人心浮躁，大家忙于填表、内卷甚至跑关系，损耗了干正事的宝贵时间和精力。充分吸收《道德经》的宝贵智慧，政策制定者合理设计激励机制，可以提升民众幸福感。

《道德经》第五十三章说："使我介然有知，行于大道，唯施是畏。大道甚夷，而人好径。朝甚除，田甚芜，仓甚虚；服文彩，带利剑，厌饮食，财货有余；是谓盗夸。非道也哉！"这生动地表明浪费和奢靡之风与人民幸福无关，因而需要制止。

实现人民幸福的方式并非特定的政策措施，也并非需要用数学模型表达的复杂经济理论才能揭示。这一方式的关键就是在有规则的宏观调控政策前提下，尽量减少国家微观干预而多让市场自发运行。《道德经》第五十七章说："以正治国，以奇用兵，以无事取天下。吾何以知其然哉？以此：天下多忌讳，而民弥贫；民多利器，国家滋昏；人多伎巧，奇物滋起；法令滋彰，盗贼多有。故圣人云：'我无为，而民自化；我好静，而民自正；我无事，而民自富；我无欲，而民自朴。'"当然，需要再次强调的是，无为并非消极厌世，而是不能乱作为，是依照最终目的，按规则、知进退的有所作为。

近年来，我国逐渐把人民幸福当作宏观调控的目的，而摒弃增长崇拜的传统模式。高投资、高出口的增长模式成功地帮助我国从改革开放之初的人均GDP不到200美元快速追赶到2022年的1万多美元，GDP总量更是稳居世界第二，超过美国而居第一也指日可待。我国增长奇迹举世瞩目，"增长主义"发展模式有其价值性、必要性和阶段性。近年来，我国发展不平衡不充分问题仍然突出。党的十九大报告指出："中国特色社会主义进入新时代，我国社会主要矛盾已经转化为人民日益增长的美好生活需要和不平衡不充分的发展之间的矛盾。"[①] 习近平总书记在2013年全国组织工作会议上指出："要改进考核方法手段，既看发展又看基础，既看显绩又看潜绩，把民生改善、社会进步、生态效益等指标和实绩作为重要考核内容，再也不能简单以国内生产总值增长率来论英雄了。"[②] 2015年党的十八届五中全会强调："必须坚持以人民为中心的发展思想，把增进人民福祉、促进人的全面发展作为发展的出发点和落脚点"[③]。以人民为中心的新发展理念作为中国特色社会主义理论的新举措，是马克思主义基本原理同中国实际相结合、同中华优秀传统文化相结合的具体理论创新，超越了西方宏观理论的简单化建议，符合中国经济发展在新时期的新实践需要。

[①] 习近平. 决胜全面建成小康社会 夺取新时代中国特色社会主义伟大胜利：在中国共产党第十九次全国代表大会上的报告. 北京：人民出版社，2017：11.
[②] 习近平. 习近平谈治国理政：第1卷.2版. 北京：外文出版社，2018：419.
[③] 中共中央关于制定国民经济和社会发展第十三个五年规划的建议. 北京：人民出版社，2015：5.

宏观调控理念二: 宏观调控要兼顾稳定政策和结构政策

1. 使用稳定政策以实现经济金融稳定具有理论和实践的共识

在主流宏观理论中,稳定政策通常指总需求管理政策。由于价格黏性、工资黏性以及公众"动物精神"的存在,当经济体遭受外部冲击后,市场资源配置短时间内产生无效调整,由此导致经济出现短期波动并带来福利损失。稳定政策依靠财政政策、货币政策和宏观审慎政策来应对冲击,从而实现经济稳定,包括产出稳定、通胀稳定和金融稳定等主要目标。稳定政策的关键在于逆周期调节。以泰勒规则为例,利率超出自然利率的部分等于经济增速超出潜在产出部分和通胀率超出目标通胀率部分的加权平均之和,从而实现增长和通胀的逆周期调节[①]。《道德经》虽然没有将稳定政策、增长政策和结构政策等三大宏观政策进行区分,但也从宏观治理的角度暗含了逆周期调节思想和宏观政策调控思想。

首先,可以超越现代宏观理论,借鉴《道德经》更好地理解经济体的演化性与不稳定性。现代宏观经济学诞生之前的古典经济学认为市场经济是稳定的,"看不见的手"机制即市场价格机制通过调整供给与需求来达到平衡。美国1929—1933年大萧条表明市场经济存在不稳定性,而且破坏性很大,高峰期时失业率可高达25%。凯恩斯于1936年出版的《通论》从名义工资刚性的角度解释了经济不稳定性来源,并指出市场无法自动出清,因而需要使用财政政策等宏观经济政策来帮助经济体恢复均衡。到目前为止,这些认识仍然是宏观经济学的核心观点。

---

① Taylor J B. Discretion versus policy rules in practice. Carnegie-Rochester Conference Series on Public Policy. 1993, 39: 195-214.

借助《道德经》有助于理解经济体的不稳定性。《道德经》第三十七章说:"道常无为而无不为。侯王若能守之,万物将自化。化而欲作,吾将镇之以无名之朴。无名之朴,夫亦将不欲。不欲以静,天下将自正。"从经济学角度来看,这段话表达了四个意思。其一,规则化宏观调控并非要经济体活力降至归零,而是自我演化和繁衍成长,即"侯王若能守之,万物将自化"。其二,经济体存在内生的、自动的演化态势。解释不稳定性来源的演化视角比凯恩斯主义名义工资刚性视角更深刻、更丰富。其三,经济体因演化而破坏平衡,即"化而欲作"。《道德经》第四十二章说:"道生一,一生二,二生三,三生万物。万物负阴而抱阳,冲气以为和。"阴阳两气相冲击达到和谐均衡。这个"和",可以是平稳的(stationary),即偏离稳定点未必一定回到稳定点,但并不一定是稳定的(stable),即偏离稳定点一定会回到稳定点。因此,有时会"化而欲作"而破坏均衡。其四,需要采取规则化宏观调控来实施调控,即"吾将镇之以无名之朴。无名之朴,夫亦将不欲。不欲以静,天下将自正"。

关于均衡与演化,《道德经》第三十七章的"不欲以静,天下将自正"与第十六章相关表述内在一致。第十六章说:"致虚极,守静笃。万物并作,吾以观复。夫物芸芸,各复归其根。归根曰静,静曰复命。复命曰常,知常曰明。不知常,妄作凶。知常容,容乃公,公乃全,全乃天,天乃道,道乃久,没身不殆。""万物并作,吾以观复。夫物芸芸,各复归其根",这表明万物演化有恢复到均衡的趋势,但这需要"不欲"(减少乱干预),需要"以静"(按规则进行宏观治理),才能实现"天下将自正"。

其次,借鉴《道德经》治理并非万能论,需要从收益与代价的完整框架来看待是否实施、如何实施稳定政策以治理经济不稳定。实施稳定政策有助于经济体在短期内平稳运行,因而有益。货币政策的短期效应来源于短期内的价格黏性,名义利率的变化会导致短期真实利率发生变化,进而通过货币政策的多条传导机制影响实体经济：一是传统的利率传导机制，通过改变实际借款成本来影响投资；二是资产价格传导机制，通过财富效应、托宾 Q 机制、汇率效应等影响总需求；三是信贷机制，货币政策既能影响银行的流动性和资产负债表，也能影响企业和家庭等借款者的资产负债表，进而影响银行的信贷提供以及企业投资和居民消费行为[①]。大量实证研究已经证实了这些传导机制确实可以在短期内有效发挥作用。财政政策同样具有显著的短期效应，这是 1929—1933 年美国大萧条之后凯恩斯主义兴起以来，理论界和政策界的基本共识。财政政策通常定义为一系列有关税收和公共支出的决议或规则，其目标在于平抑经济周期波动。财政政策既会产生拉动效果，也会产生挤出效应。大量文献发现在大多数情况下财政政策的拉动效果大于挤出效应，即财政乘数的估计值为正数，因此财政政策有助于对经济进行短期逆周期调节。宏观审慎政策通过对银行流动性、资本金和杠杆率等方面进行调节，抑制金融体系的顺周期性并提高金融体系的稳定性，从而防范金融风险，尤其有助于防范信贷驱动型资产泡沫的形成。2008 年国际金融危机的一个重要教训就是金融监管机构不应该放任信贷驱动型泡沫的膨胀，恰当的宏观审慎政策有助于限制信贷驱动型泡沫，从而提高金融系统稳定性。

稳定政策也有代价，尤其是长期代价。主流宏观政策理论通常认为稳定政策在长期中是无效的。就货币政策而言，货币数量论认为，如果货币流通速度保持不变，那么货币的变动将会一对一地反映在通胀率上，而并不会对实际变量产生影响。大量基于长期数据的实证研究也都表明，货币数量论在长期中成立。卢卡斯的著名研究表明，温和通胀的福利成本是比

---

① Boivin J, Kiley M T, Mishkin F S. How has the monetary transmission mechanism evolved over time?. Handbook of monetary economics, 2010, 3: 369-422.

较大的，这与经济波动的福利成本形成较大差别①。卢卡斯的研究是大量后续研究的缘起，为新古典宏观经济学的不干预主义打下了基础。

稳定政策既有收益，也有代价，这类似于药物可治病，但也有副作用。人不能因为体温轻微偏离了合理水平就赶快服药。国家也不能因为经济增速稍微偏离了潜在增速和通胀稍微偏离了目标值就赶快实施宏观政策。何况，宏观政策内在时滞和外在时滞的不稳定性还会放大经济的不稳定性，这也是代价的一种表现形式。《道德经》倡导治理并非万能，而是有代价的，因此达到效果即适可而止。第三十章说："以道佐人主者，不以兵强天下。其事好还。师之所处，荆棘生焉。大军之后，必有凶年。善有果而已，不敢以取强。果而勿矜，果而勿伐，果而勿骄，果而不得已，果而勿强。物壮则老，是谓不道，不道早已。"第七十一章从有限信息的角度建议宏观政策应该有度："知不知，尚矣；不知知，病也。圣人不病，以其病病。夫唯病病，是以不病。"《道德经》进一步建议时机成熟时治理政策应该退出，第九章说："持而盈之，不如其已。揣而锐之，不可长保。金玉满堂，莫之能守；富贵而骄，自遗其咎。功遂身退，天之道也。"

2. 西方宏观理论不够重视结构政策

总需求结构、总供给结构、收入财产分配结构、债务结构、产业结构等都是重要的宏观经济结构，若长期失衡，会导致严重后果。作为宏观经济政策，结构政策就是为了打破结构黏性和各类失衡结构之间的嵌套循环，从而避免结构失衡的不利后果，并力图实现最优经济结构。针对各类经济结构失衡，可以给出相应的结构政策工具箱。

结构政策不同于结构改革。结构改革通过采取措施改变约束市场行为的制度框架，可以改进过少政策工具实现过多政策目标之间的紧张的权衡

---

① Lucas R E. Inflation and welfare. Econometrica，2000，68（2）：247-274.

关系。从定义和各国实践来看,结构改革一定程度上是制度变革的代名词,其本质是提高资源配置效率。但是,结构改革并没有明确建立起与总需求结构等重要经济结构之间的关联性,因而也就无法在宏观经济学框架里讨论到底改变哪些经济结构以及如何改变经济结构,而这恰恰是结构政策需要解决的问题。将结构改革与作为宏观经济政策的结构政策两者清晰地区别开来,不但不是忽视结构改革的重要性,而恰恰是为了更好地发挥其作用。

宏观经济学较少研究结构政策。IS-LM 模型和 AD-AS 模型是曼昆所倡导的所有模型之母[①],并没有涉及总需求结构与收入分配结构等重要经济结构。总的来说,在过去一百年间代表性个体研究范式主导了现代宏观经济学研究。代表性个体研究范式是指宏观经济的变化可以看成某个代表性个体在给定市场约束与偏好下作出最优化决策的行为体现。新古典长期增长理论体系和新凯恩斯短期经济波动理论体系的宏观经济运行都通过代表性消费者与厂商的经济行为来刻画。尽管不少学者曾对代表性个体尤其是代表性厂商假设提出过质疑,但主流宏观经济学研究始终没有放弃使用代表性个体假设。到 20 世纪 70 年代,随着理性预期革命的推进,以及当时卢卡斯等权威学者对于宏观加总问题的学派性看法,代表性个体研究范式在主流宏观经济学中的地位得到进一步巩固。此后,主流宏观经济学更聚焦于短期经济周期和稳定政策干预、长期经济增长等可以使用代表性个体假设的研究议题,而较少关注收入分配、产业结构等经济结构的宏观经济影响。由于当前中国与世界的系列宏观重大问题在很大程度上都是与各种结构问题密切相关,所以现代主流宏观经济学理论对于结构问题与政策的忽视不利于这些重大现实问题的顺利解决。

与现代宏观理论不同,《道德经》多处思想与结构政策相关,对宏观

---

① Mankiw N G. Macroeconomics. New York: Worth Publishers, 2016.

调控具有参考价值。其一，要承认人和事物都存在各种差异性，宏观调控应避免走极端。《道德经》第二十九章说："故物或行或随；或嘘或吹；或强或羸；或培或堕。是以圣人去甚，去奢，去泰。"其二，在存在差异性的某种结构之中，无论强者还是弱者，国家都要关爱和无所偏爱。《道德经》多处表达了无所偏爱的思想，第四十九章说，"善者，吾善之；不善者，吾亦善之；德善"，"圣人在天下，歙歙焉，为天下浑其心，百姓皆注其耳目，圣人皆孩之"；第五章说，"天地不仁，以万物为刍狗，圣人不仁，以百姓为刍狗"。这与强调效率优先的经济理论有所不同。比如，为了提升葡萄酒的酿造品质，庄园主会舍弃差的葡萄，让营养充分集中在部分好葡萄中。但是，人非葡萄，孰能无情，更不能随意抛弃。其三，如果结构偏离最优状态，那么人为调整是有益的。《道德经》第四十二章说："故物或损之而益，或益之而损。"我国总需求结构失衡主要表现在居民消费占比偏低和投资占比偏高，2021年我国居民消费率仅为38.4%。然而，同期世界平均水平达到了54.9%，美国和英国更是分别高达68.2%和60.4%，作为发展中国家的巴西和印度也分别高达61.0%和59.6%。因此，如果采取"损之而益，或益之而损"的新战略，着力降低投资占比和提升居民消费占比，那么将战略性地有利于构建双循环新发展格局，有助于形成"世界工厂＋世界市场"的新模式和有效减轻外部的不利冲击。

《道德经》还精妙地论述了结构政策存在"天之道"和"人之道"两种不同方式，以及实现天之道的"圣人之道"。《道德经》第七十七章说："天之道，其犹张弓与！高者抑之，下者举之；有余者损之，不足者补之。天之道，损有余而补不足。人之道，则不然，损不足以奉有余。孰能有余以奉天下，唯有道者。"古代先贤通过观察风雨雷电削峰填谷的大自然强大力量，得出"天之道，损有余而补不足"的判断。同时，也发现了"人之道"与"天之道"的差异："人之道，则不然，损不足以奉有余。"对于贫富差距等与人有关的重大宏观问题，《道德经》的相关思想比现代经济学更深刻，对于政策制定具有重要的借鉴作用。贫富差距的形成与多种复杂因素有关，其中一种不能忽视的因素是人与人的差异性。古代社会更多体现在身体强壮程度上的差异，现代社会更多体现在智力等人力资本上的差异。在不同时代，人与人之间的差异始终存在。随着时代演变，强者与弱者的区分维度越来越多，相对差异也越来越大。这种差异有可能是强者对于弱者的"有效率"的合法争夺，也有可能是非法掠夺。这就是"人之道"的"损不足以奉有余"。研究市场有效运行并倡导自由主义的微观理论难以回答这一问题。胸怀人民、秉承道德的国家不能坐视贫富差距扩大，而削富济贫又谈何容易。那怎么办呢？《道德经》提议"孰能有余以奉天下，唯有道者"，有道者指有道之人，也指有道之君、有道之国。有道的、以人民为中心的国家分好蛋糕的关键在于做大蛋糕（为）和让利于民（不争）。具体而言，用"道"（道德）和"道"（宏观政策"三策合一"框架下的规则化宏观调控），通过规则化的初次分配、规则化的再分配和蕴含道德的适当的第三次分配，可以有效降低贫富差距和实现共同富裕。特别是在宏观政策"三策合一"框架下，可以兼顾推进共同富裕与实现宏观经济健康发展，从根本上保证实现共同富裕的可行性与可持续性。《道德经》第八十一章因而总结性认为"圣人之道"才能实现"天之道"的益处、才能化解"人之道"的害处："天之道，利而不害；圣人之道，为而不争。"

3. 借鉴《道德经》，宏观调控要兼顾稳定政策和结构政策

从宏观政策"三策合一"的视角看，稳定政策和结构政策都应和增长政策一样，不要偏离最优状态，不要走极端。稳定政策不要追求短期经济高增速，而要旨在实现经济稳定与金融稳定，比如缩小产出缺口等。结构

政策旨在不要过度偏离最优结构。增长政策旨在帮助经济体潜在增速达到其长期合理水平，超过这个合理水平将在长期中损害经济体的可持续发展。具体而言，增长政策需要降低潜在增速缺口。

与《道德经》治理思想相一致，稳定政策和结构政策不要追求极端主义。其一，要知足、知止。《道德经》第四十六章说："咎莫大于欲得；祸莫大于不知足。故知足之足，常足矣。"对于宏观经济治理而言，"知足"就要了解潜在增速对于短期稳定政策的约束，要知道潜在增速合理水平对于长期增长政策的约束，知道最优结构对于结构政策的约束。《道德经》第四十四章阐述了知足的获益："甚爱必大费；多藏必厚亡。故知足不辱，知止不殆，可以长久。"其二，不要走极端。《道德经》第二章论述了人需要通过事物的对立面来形成价值判断，"天下皆知美之为美，斯恶已；皆知善之为善，斯不善已"，所以对立并非绝对，"有无相生，难易相成，长短相形，高下相盈，音声相和，前后相随"。《道德经》第五十八章论述从一个极端容易转换为另外一个极端："其政闷闷，其民淳淳；其政察察，其民缺缺。祸兮，福之所倚；福兮，祸之所伏。孰知其极？其无正。正复为奇，善复为妖。人之迷，其日固久。"接着阐述政策应对之道不能走极端："是以圣人方而不割，廉而不刿，直而不肆，光而不耀。"

在宏观政策"三策合一"框架下，兼顾稳定政策和结构政策在理论上是成立的。稳定政策与结构政策并不相互独立，稳定政策的实施会改变经济结构进而影响结构政策，经济结构反过来也会影响稳定政策的效率。一方面，稳定政策的实施会改变多种经济结构。如果稳定政策一直倾向于通过刺激投资来稳定短期增长，那么就会逐渐导致投资占比升高，进而引发总需求结构失衡。此外，近年来发展起来的异质性新凯恩斯主义模型表明，货币政策冲击会导致收入分配结构发生变化。另一方面，严重的经济结构失衡会对稳定政策效率产生影响。以中国为例，在居民消费乏力的情况下,当出现逆全球化等外部冲击时,就只能以投资尤其是房地产和基建投资来稳增长。不仅如此,居民消费疲软将使得制造业投资难以大幅增加,而第三产业对民间投资的进入门槛限制阻碍了民间投资的增长,宽松货币政策所释放的资金必然会流入房地产或在金融系统空转,从而降低稳定政策的效率。反之,如果居民消费需求能够有效释放,企业进行生产性投资的动力相应增强,此时积极的货币和财政政策能更加顺畅地促进居民消费和企业投资,稳定政策的效率随之提高。王小鲁在分析罗斯福新政对美国经济摆脱大萧条所起的作用及其背后机理时,着重强调了罗斯福新政对美国收入分配结构的调整,以及由此带来的消费提升和稳定政策效率的改善[1]。具体而言,罗斯福新政在不过度干预市场的条件下,以政府之力改善贫困人群收入状况,并且建立起覆盖大众的制度化社会保障体系,由此使得中低收入人群的消费需求得以有效释放,财政政策和货币政策的调控效果也因此而得到了实质性改善。

宏观调控兼顾稳定政策和结构政策具有重要实践意义。使用结构政策将重要经济结构恢复至最优结构附近,有利于促进经济良性循环和提升稳定政策效率,在宏观政策"三策合一"框架下可以更加完整地理解这一机制。一方面,结构政策在长期中的顺利实施需要稳定的经济与社会环境作为重要前提,而这需要短期稳定政策的配合。长期中,结构政策可以帮助经济摆脱结构失衡的不利局面,使经济结构向最优经济结构趋近,进而使得潜在增速达到合理水平。但是,短期内结构调整却会引发经济下行压力加大、失业率升高等"阵痛"。短期稳定政策除了要给长期增长政策和结构政策的实施营造平稳的经济运行环境之外,其力度设定也需要兼顾短期与长期。主流宏观政策理论下的短期稳定政策不考虑长期,因此无法消除长期潜在增速缺口,导致潜在增速没有达到合理水平,甚至引发总需求—

---

[1] 王小鲁. 美国大萧条与新政再思考. 比较, 2020 (2).

总供给螺旋式下滑并导致经济陷入增长困境。因此，在宏观政策"三策合一"新理论框架下，加强短期和长期的协调配合，消除产出缺口和长期潜在增速缺口，可以促使实际经济增速、长期潜在增速和最优经济结构下的潜在增速合理水平三者趋于一致，从而让经济体实现最优经济结构之下的短期平稳运行和长期稳定增长。另一方面，结构性和制度性障碍的存在限制了短期稳定政策的传导效率，只靠稳定政策自身难以提高效率，需要长期增长政策和结构政策消除制度性和结构性障碍，才能够有效提高短期稳定政策的效率。以 2008 年国际金融危机之后的中国货币政策为例，虽然央行通过结构性货币政策等诸多举措设法加大金融对实体经济的支持力度，但是货币政策的效率并不高，企业投资和居民部门消费持续低迷[①]。究其根源，长期存在的结构性和制度性问题对企业投资和居民消费产生了持续性阻碍[②]。因此，货币政策效率偏低的主要原因并不在货币政策本身，必须使用长期的结构政策和增长政策消除既有的结构性和制度性障碍，才能切实提高短期稳定政策的效率。因此，使用结构政策降低过高的某个结构，而经济体运行总体上是得益的，可以运行在更高水平的新均衡之上。《道德经》第四十二章再现了这一点："故物或损之而益，或益之而损。"《道德经》第十五章说："孰能浊以静之徐清；孰能安以动之徐生。保此道者，不欲盈，夫唯不盈，故能蔽而新成。""浊以静之徐清"可以理解为迈向更合意的新均衡，"安以动之徐生"可以理解为打破旧均衡而产生新动态，"蔽而新成"则是打破旧均衡和实现新均衡。这就是打破旧结构而提升政策效率从而促进经济体实现更合意增长与良性循环的动态过程。

[①] 结构性货币政策与宏观政策"三策合一"框架下的货币政策、结构政策协调配合并不相同。
[②] 陈小亮，刘哲希，陈彦斌. 2022 年前三季度宏观政策"三策合一"指数. （2022 - 10 - 31）[2023 - 01 - 10]. https://m.gmw.cn/baijia/2022 - 10/31/36127179.html.

宏观调控理念三： 宏观调控要打破二分法，兼顾短期和长期

1. 宏观经济学因二分法无法形成统一理论框架，难以有效指导政策实践

古典经济学的"古典二分法"把经济变量分为实际变量和名义变量，认为货币数量的变化只会影响名义经济而并不能对实际经济产生任何显著影响。二分法长期以来深深地影响了经济学的发展，并至今仍在宏观经济学中占据指导地位。凯恩斯于1936年发表的《通论》宣告了宏观经济学的诞生。经过货币主义和理性预期革命洗礼之后，宏观经济学逐步形成了长短期分离的主流研究范式。就长期经济增长和增长政策而言，主流宏观理论框架基本建立在新古典增长理论体系之上。在该框架中，由于物价水平能够充分灵活调整，因此增长政策方面的研究往往只关注实际变量之间的联系而并不关注名义变量的长期变化。就短期经济波动和稳定政策而言，主流宏观理论框架则建立在新凯恩斯理论体系之上。该框架强调名义刚性的重要作用，因此短期稳定政策聚焦于名义变量与实际变量之间的互动关系。新凯恩斯主义宏观政策理论观点认为宏观政策不需要关注潜在增速的变化，也就不需要对长期目标作出反应，这进一步固化了长期政策与短期政策在理论分析框架上长期脱节的局面，导致主流宏观理论无法兼顾长期与短期。

在各国宏观政策实践中，不考虑当前宏观政策的长期影响是不合适的，因为其有可能引起通胀或者因力度不足而导致长期性衰退。不考虑长期增长政策的短期影响也是不合适的，因为增长政策往往会在短期中造成一定程度冲击而需要较为宽松的宏观经济运行环境。基于这两点考虑，现

实中的宏观政策大多是兼顾短期与长期的中期考虑，而不是宏观经济学教科书所建议的那样机械僵化。

使用与现实情况不相符合的长短期分离宏观理论框架指导制定实际宏观政策容易导致严重后果。这也许是过去40多年间全球多次出现重大经济金融危机的原因之一，这些危机包括20世纪70年代的滞胀危机、20世纪90年代的日本泡沫破裂和亚洲金融危机、2008年的国际金融危机。在主流宏观政策理论框架的指导下，以稳定政策为主的思路只能实现短期稳定，对长期稳定的考虑明显不足，由此导致政策部门在决定政策操作尤其是政策力度的大小时，只根据短期稳定目标来决策，进而出现短期内用力过猛或者用力不足的问题，从而为长期中更大的危机埋下伏笔。比如，2008年国际金融危机之后，欧美经济体只注重以产出缺口度量的短期经济稳定，而不注重以潜在增速缺口度量的长期经济稳定，但事实上多年来绝大多数欧美经济体面临负的潜在增速缺口[①]，需要进一步加大货币政策和财政政策力度才能更好地实现长期经济稳定。其结果是，欧美国家货币政策和财政政策的力度在短期来看是合理的，从长期来看却力度不足，这也是近年来欧美经济体始终难以摆脱经济低迷局面的重要原因之一。

2. 借鉴《道德经》，宏观调控采取预调微调有助于兼顾短期和长期

宏观调控预调指宏观调控采取前瞻性思路，依据对未来经济状态的预测而不是当下情况来制定最优宏观经济政策。微调则是相对于强刺激宏观经济政策而言，采取相对温和的宏观调控措施。两者是一个整体，一般不割裂开来使用。宏观调控预调和微调将现在与未来联系起来，有助于宏观

---

① 陈彦斌，陈伟泽. 潜在增速缺口与宏观政策目标重构：兼以中国实践评西方主流宏观理论的缺陷. 经济研究，2021，56（3）：14-31.

政策兼顾短期和长期，从而提升政策效率和更好地实现政策效果。

近年来中国重视宏观调控预调微调，并取得了较好成效，表明预调微调具有显著作用。现代宏观经济学关于宏观调控预调微调的理论模型至今仍不多，学术界有必要借鉴《道德经》的宝贵思想和基于中国经济的宝贵实践，对宏观调控预调微调进行更加深入和系统的研究。总的来说，《道德经》的预调微调思想可以帮助宏观调控更好地兼顾短期和长期。

第一，为了加强前瞻性，宏观调控有必要进行预调微调。

《道德经》第六十四章说："其安易持，其未兆易谋。其脆易泮，其微易散。为之于未有，治之于未乱。合抱之木，生于毫末；九层之台，起于累土；千里之行，始于足下……民之从事，常于几成而败之。慎终如始，则无败事。"该章可以细分为四层意思。

其一，预调成本更低、难度更小，因此政策实施预调有其合理性。"其安易持，其未兆易谋。其脆易泮，其微易散"，局势安稳时容易持守，问题还没有征兆时容易谋划，事物脆弱时容易破裂，事物细微时容易散失，形象地表达了相比事后调整或调控而言，预调成本要低、难度要小。以资产泡沫为例，不能等泡沫破裂后再去清理，因为泡沫破裂意味着金融危机的爆发，清理成本要远大于当前调控的成本。

其二，宏观调控因前瞻性而需要预调。"为之于未有，治之于未乱"，在危机爆发之前就需要前瞻性地开展政策行动，而不是坐等危机爆发。现代宏观经济学在政策前瞻性框架下来研究宏观调控预调问题。Clarida、Galí 和 Gertler 于 1999 年提出了著名的 CGG 模型，即最优货币政策模型[1]。该模型现在已经是新凯恩斯主义货币政策模型的重要基准框架之一，模型中的央行所设定的最优短期政策利率必须使得未来通胀率和未来产出

---

[1] Clarida R, Galí J, Gertler M. The science of monetary policy: a new keynesian perspective. Journal of economic literature, 1999, 37 (4): 1661-1707.

缺口都尽可能接近目标值。CGG模型建议央行采取前瞻性的宏观调控，并非控制当前的通胀缺口与产出缺口，而是试图控制其预测值。货币政策受到政策时滞的限制，难以调控当前政策工具来实现通胀缺口和产出缺口等当前目标，因此CGG模型是符合现实逻辑的。

其三，宏观调控微调的累积效应并不微小，有时甚至巨大。"合抱之木，生于毫末；九层之台，起于累土；千里之行，始于足下"，长期性工作起始于当前的微小状态。就宏观调控而言，虽然是微调不是强刺激，但是绵绵发力和久久为功的累积效应也会产生抓铁有痕般的良好调控效果。

其四，宏观调控需要保持政策的连续性。"民之从事，常于几成而败之。慎终如始，则无败事"，宏观调控需要保持连续性、稳定性和可持续性，不搞急转弯，不搞急刹车。

第二，由于存在有限信息，宏观调控进行预调的同时只能微调。

既然宏观调控进行预调有其合理性与必要性，那是否就可以不加限制和不顾现实约束来进行宏观调控呢？借鉴《道德经》，搭配宏观调控"预调"的应该是"微调"，而不是"大调"。宏观调控者面临有限信息，需要选择合适的政策态度。《道德经》第七十一章指出："知不知，尚矣；不知知，病也。圣人不病，以其病病。夫唯病病，是以不病。"宏观调控者知道自己不可能知道所有信息与知识，这是好的。不知道却以为自己什么都知道，这是有问题的。正因为宏观调控者把问题当问题，所以就能解决问题。对于宏观调控者而言，要坦然承认不可能知道全部知识与所有信息，更要认识到难以对未来进行准确的预测。即使采用越来越先进的人工智能和大数据，也无法解决逆向选择、道德风险问题、预测问题等信息问题。相比大调，微调可以更好地配合宏观调控预调。

第三，宏观调控微调有助于实现稳中求进的经济工作方法论。

《道德经》第六十三章说："大小多少，图难于其易，为大于其细；天下难事，必作于易，天下大事，必作于细。是以圣人终不为大，故能成其大。"这蕴含了政策微调可以实现稳中求进的工作方法论。习近平总书记指出："稳中求进工作总基调是我们治国理政的重要原则，也是做好经济工作的方法论。"①

宏观调控等经济工作与社会工作要以稳求进、以进固稳。不管是政策调整还是机制体制改革，都要从微调入手来逐步调整，而不是毫无征兆地一步到位、大刀阔斧。这有助于试错，错了可以叫停，并不影响发展全局，也不容易犯颠覆性错误。中国四十多年改革开放是全面的也是渐进的，摸着石头过河，坚持试点先行，取得经验后再在面上推开。家庭联产承包责任制、深圳特区、国企改革、教育改革等等重要改革都是微调试点出来的，都是稳中求进的宝贵历史经验。

3. 借鉴《道德经》的二元认知观，宏观政策"三策合一"框架下宏观调控加强跨周期调节有助于兼顾短期和长期

《道德经》的二元认知观比宏观经济学更为高超。《道德经》第二章认为事物的对立面可以帮助形成价值判断，因而对立两面均有意义："天下皆知美之为美，斯恶已；皆知善之为善，斯不善已。有无相生，难易相成，长短相形，高下相盈，音声相和，前后相随。"第二十七章认为对立两面均可以得到充分的利用："故善人者，不善人之师；不善人者，善人之资。不贵其师，不爱其资，虽智大迷，是谓要妙。"第五十八章强调了对立两面可以转换："祸兮，福之所倚；福兮，祸之所伏。孰知其极？其无正。正复为奇，善复为妖。人之迷，其日固久。"第十五章指出了万物演化的渐变性："孰能浊以静之徐清；孰能安以动之徐生。"其中，"徐"

---

① 中共中央文献研究室.习近平关于社会主义经济建设论述摘编.北京：中央文献出版社，2017：332.

字刻画得尤为生动。第六十四章则形象地论述了万物演化的累积性："合抱之木，生于毫末；九层之台，起于累土；千里之行，始于足下。"这种渐变性与累积性可以用来理解宏观政策从短期到中期再到长期的复杂政策效应。

将短期和长期联系起来的跨周期调节属于中国特有范畴，是具有原创性与标识性的新概念。2020年7月30日，中共中央政治局会议首次提出要"完善宏观调控跨周期设计和调节，实现稳增长和防风险长期均衡"。2021年7月30日召开的中央政治局会议再次强调，"要做好宏观政策跨周期调节，保持宏观政策连续性、稳定性、可持续性"。"十四五"规划明确提出要"搞好跨周期政策设计，提高逆周期调节能力"。跨周期调节的一个典型例子是，虽然2021年1季度中国经济增速大幅上升，产出缺口显著为正，但是2021年4月30日召开的中央政治局会议明确指出宏观政策"不急转弯"，这就是跨周期调节思路的体现。又比如，"十四五"规划强调宏观政策要"以国家发展规划为战略导向"，而国家发展规划通常是针对五年甚至更长时期的规划，这也是跨周期调节思路的表现。跨周期调节新概念也具有一般适用性，美联储于2020年提出的基于平均通货膨胀目标的货币政策新框架在一定程度上就具有跨周期调节的特征。

提出跨周期政策设计不是要取代逆周期调节，而是要更好地弥补逆周期调节的不足。以新凯恩斯主义为代表的西方宏观政策理论着重强调宏观政策进行逆周期调节，面对经济体在短期内的扩张或放缓，宏观政策要尽快通过紧缩或宽松的操作将产出缺口与通胀缺口恢复至零附近。然而，数十年来的宏观政策实践凸显了逆周期调节的局限与不足。为了让产出缺口与通胀缺口迅速回归至零附近，在逆周期调节思路的指导下宏观政策力度可能会过大，从而导致金融风险加剧等一系列问题。比如，21世纪初美国为应对经济冲击采取了过低的利率水平，为之后2008年国际金融危机的爆发埋下了隐患。而且，宏观政策在短期内对经济进行较大力度与较为频繁的逆周期调节，可能会快速地压缩宏观政策空间，从而降低宏观政策的可持续性，也会影响调控效率。

跨周期政策设计与逆周期调节并重，能够更好地平衡经济增长、金融风险、经济结构等多个目标之间的关系，既保证宏观政策力度的充足，也能预留足够的政策空间，从而更好地保证经济运行在合理区间之内。跨周期调节能够更好地统筹短期经济波动与中长期经济增长，是对逆周期调节的有益补充与完善。逆周期调节强调对短期经济波动的调节，为了让产出缺口与通胀缺口迅速回归至零附近，可能会在一定时期内实施较大力度的货币政策或财政政策。这虽然有助于在短期内平抑经济波动，但由此带来的高债务与资产泡沫等一系列问题将不利于长期经济增长。跨周期调节新框架之下，宏观政策的考量时期不再局限于短期，而是拓展到中期甚至是长期。这意味着，跨周期调节框架下宏观政策的力度更平滑，不会过度地追求将产出缺口或通胀缺口在短期内一直保持在零附近，而是更多地兼顾中长期增长路径。

宏观政策"三策合一"有助于落实跨周期调节。不管是中国还是美国和日本等国家，均面临不同程度的经济结构失衡问题，尤其是实体经济部门和虚拟经济部门之间的结构失衡，而这也是经济增速放缓与资产价格泡沫并存的根源所在。经济结构失衡不仅导致实体经济增长乏力，而且阻塞了货币政策和财政政策等稳定政策的传导机制，导致稳定政策的调控效率低下。因此，要想有效落实"跨周期调节＋逆周期调节"新思路，除了稳定政策和增长政策，还需要结构政策的配合，通过使用结构政策调整优化经济结构，在宏观政策"三策合一"框架下才能更好地畅通稳定政策的传导机制，促进经济在最优结构下实现短期平稳运行和长期稳定增长。

宏观调控理念四：宏观调控要兼顾规则和相机调控，但应以规则为前提

1. 西方宏观理论建议采用规则化宏观调控，而最新政策实践表明相机调控也有必要

按规则实施的宏观调控是指政策制定者事前宣布政策如何对各种情况作出反应，并承诺始终遵循所宣布的规则。较为常见的规则有货币主义倡导的固定不变货币增长率、名义 GDP 目标制、通胀目标制等，其中通胀目标制目前尤其广为使用和备受推崇。相机调控的政策是指政策制定者在事件发生时自由地作出判断并选择当时看来合适的政策。事实上，宏观调控应遵循单一规则还是相机调控一直是理论争论的焦点。

2008 年国际金融危机之前，发达国家推崇规则化的宏观调控而不是相机调控。实施通胀目标制国家有效降低了通胀，这使得宏观调控应遵循单一规则的观点成为宏观经济学的主流看法。其一，公众对国家政策制定者与政治过程不信任，认为政策制定者和公众的兴趣点未必吻合，有时候还会有较大出入。比如，公众也许对物价稳定更感兴趣，而政策制定者可能对短期就业稳定和长期增长更感兴趣。其二，如果没有可信的、固定的调控规则，相机调控会出现动态不一致性。政策制定者事先宣布调控目标，一旦公众形成预期之后，政策制定者改变之前宣布目标的刺激很大。比如说政府现在宣布要实现低通胀，公众因而形成了低通胀预期，政府观察到公众通胀预期很低之后就会想办法利用此预期来提高就业。但是，理性的公众也会预期到政府的这一不守信用的后续行动，因而一早就会形成较高的通胀预期。这就是典型的动态不一致性。这说明如果不给政府政策事先承诺施加强有力和可信的约束，动态不一致性会导致经济政策效率较低、

效果较差。基于这两个论点,学术界和政策界均建议采用通胀目标制等规则化的宏观调控,而反对使用相机调控方式的宏观调控。

然而,2008年国际金融危机后,国际与中国的学术界和政策界认识到仅是物价稳定还不足以保证经济稳定与金融稳定,故政策应该保持一定的灵活性。美国正是因为采取了相机调控的"直接行动"方式,才能在危机爆发后迅速作出反应,有效地防止了金融危机的进一步恶化,也避免了1929—1933年大萧条的再现。这些年中国也较多使用了相机调控,这意味着中国宏观调控在短期内需要在多个调控目标之间进行权衡取舍。由于经济运行面临的压力与挑战在增多,宏观调控不能单一地关注经济增长或物价稳定。而且,不管是2009年"四万亿计划"之后的"三期叠加",还是2021年底的"三重压力",复杂经济环境下的通胀、就业以及增长等指标均容易出现超预期变动,需要提高宏观调控的及时性与灵活性。

2. 遵循《道德经》,宏观调控要兼顾规则与相机调控,但前提是宏观调控有规则

在中外宏观政策实践中,宏观调控的规则与相机调控是并存的。那么,有无可能兼顾两者,以便兼蓄两者优点而规避不足呢?宏观理论目前尚无法回答这一问题。虽然欧美央行倡导的"有弹性的通胀目标制"似乎可以回答它,但从2021年欧美通胀治理失误案例来看,该制度还谈不上完全成功。借鉴《道德经》思想,可以更好地理解宏观调控的规则与相机调控两者之间的权衡关系,即宏观调控策略可以兼顾规则与相机调控,但前提是宏观调控有规则——制定规则有规则、偏离规则有规则。

第一,由于有限信息和万物演化,因此规则和相机调控两者都重要,需要兼顾而不是排斥性地二选一。

《道德经》蕴含了有限信息和万物演化等宝贵思想,这两者对宏观调

控有深刻的借鉴价值。第七十一章阐述了有限信息，"知不知，尚矣；不知知，病也。圣人不病，以其病病。夫唯病病，是以不病"。《道德经》多处提及了万物的不稳定性与演化性。第三十七章说："道常无为而无不为。侯王若能守之，万物将自化。化而欲作，吾将镇之以无名之朴。无名之朴，夫亦将不欲。不欲以静，天下将自正。"万物演化具有恢复到均衡的趋势，第十六章说，"万物并作，吾以观复。夫物芸芸，各复归其根"。演化的动与静形象生动而非难以描述，第十五章说，"孰能浊以静之徐清；孰能安以动之徐生"。

经济运行广泛存在有限信息和演化性，宏观治理难度很大。唯有规则化宏观调控才能化繁为简，帮助经济体实现稳定化或者可控化，从而实现人民幸福的宏观治理最终目的。泰勒规则和泰勒原理等宏观理论也具有同样考量，无论现实经济多么复杂，泰勒规则建议按照偏离目标增长和目标通胀率来逆周期性地设定政策工具，从而保证经济在稳态附近运行。《道德经》第二十二章说："曲则全，枉则直，洼则盈，敝则新，少则得，多则惑。是以圣人执一为天下式。"这表明减少政策目标，即"少则得，多则惑"，可以化繁为简而获得更好的政策收益，因此，宏观调控者崇尚大拇指规则，即"是以圣人执一为天下式"。

同样，经济运行之中会广泛存在有限信息和演化性，容易发生难以预料的意外冲击，甚至是金融危机。意外冲击未必可以像在"弹性通胀目标制"框架下以有限容忍方式通过上浮目标值来加以应对，有时政策目标以及政策工具会发生根本性改变。例如，2008—2009年中国宏观政策基调原本是防经济过热和防金融风险，结果美国次贷危机对中国产生了重大外部冲击并带动内需断崖式下跌，中国宏观政策被迫转向并出台强刺激的"四万亿计划"。又如，2018年中国宏观政策原本旨在结构性去杠杆和防范化解金融风险，但意外发生了中美贸易摩擦并且不断加码，致使宏观政策既要防风险又要稳增长。这两个案例表明，对于经常发生的意外冲击，不能生搬硬套宏观政策规则，而宏观政策的相机调控有其必要也更有效。

2008年国际金融危机爆发之初，英国女王伊丽莎白二世访问伦敦经济学院，提出一个引发广泛讨论的问题："为什么经济学家没能预测到金融危机？"很多学者通过构造更加复杂的计算机模型、经济数学模型来试图回答英国女王之问，但收效甚微。其实，借鉴《道德经》的"知不知，尚矣；不知知，病也""万物将自化。化而欲作"等深邃思想，危机治理问题关键并不在于准确预测危机，而在于是否兼顾规则与相机调控来"事先"逆周期地降低危机爆发的概率，是否兼顾规则与相机调控来"事后"通过宏观政策"三策合一"方式提升经济复苏速度和尽快走出危机。

第二，按照《道德经》思想逻辑，兼顾规则和相机调控的前提是有规则和有偏离规则的规则。

经济运行本身有规律和有恢复至动态化稳态的趋势，规则化治理才不会破坏经济运行规律和趋势。《道德经》第十六章说："致虚极，守静笃。万物并作，吾以观复。夫物芸芸，各复归其根。归根曰静，静曰复命。复命曰常，知常曰明。不知常，妄作凶。"第三十七章说："道常无为而无不为。侯王若能守之，万物将自化。化而欲作，吾将镇之以无名之朴。无名之朴，夫亦将不欲。不欲以静，天下将自正。"这两段话都表明，《道德经》认为万物运行有规律。当然，经济运行有规律，但提出可以解释规律并被人接受的宏观经济理论较为困难，提出有理论依据的、可行有效的宏观政策措施更是难上加难。更何况，经济运行规律本身也在不断演变。金融危机就是典型例子。1929—1933年美国大萧条发生至今，仍然在不断产生试图更好解释它的新理论，以至于伯南克将之誉为宏观经济学研究的"圣杯"。危机内在规律本身也在不断演变，因而到目前为止难以准确预测下一次危机何时、以何种方式爆发。这并不能说明宏观经济学失败，而只能说明经济运行的复杂性和宏观经济学继续探索发展的必要性。

借鉴《道德经》，规则化治理得益巨大。这里的规则是广义规则，既有稳定政策的规则，也有结构政策的规则。宏观政策"三策合一"框架本身就是一种规则。《道德经》第三十九章论述了有规则的好处："昔之得一者：天得一以清；地得一以宁；神得一以灵；谷得一以盈；万物得一以生；侯王得一以为天下正。"天地神谷和万物侯王均可享有规则化治理的益处，宏观调控也会得益于规则化。

不遵循规则化治理会导致严重后果。《道德经》第三十九章说："谓天无以清，将恐裂；地无以宁，将恐废；神无以灵，将恐歇；谷无以盈，将恐竭；万物无以生，将恐灭；侯王无以正，将恐蹶。"这个后果来源于相机调控所导致的动态不一致性问题。如果没有可信的、固定的调控规则，相机调控会出现动态不一致性。政策制定者事先宣布调控目标，一旦公众形成预期之后，政策制定者改变之前宣布目标的激励很大。如果不给政府政策事先承诺施加强有力的、可信的约束，动态不一致性会导致经济政策效率低、效果差。《道德经》第六十五章指出："古之善为道者，非以明民，将以愚之。民之难治，以其智多。故以智治国，国之贼；不以智治国，国之福。知此两者亦稽式。常知稽式，是谓'玄德'，玄德深矣，远矣，与物反矣，然后乃至大顺。"动态不一致的本质在于政策当局与具有理性预期的公众进行博弈。这里的"智"可以理解为理性预期。在博弈过程中，公众已经"智"多，这时政策当局再以"智"来应对，就无法形成经济均衡，或者形成的均衡不是具有较低通胀率的全局最优均衡，而是具有较高通胀率的次优均衡。基于此，《道德经》建议"不以智治国"，这样可达到"国之福"。而且，这是一个重要原则与规则，"知此两者亦稽式。常知稽式，是谓'玄德'"，遵守这一原则，就可以到达"然后乃至大顺"。《道德经》第六十四章总结说："民之从事，常于几成而败之。慎终如始，则无败事。"即用规则减少动态不一致才能无败事。

减少政策目标有助于总结运行规律和实施规则化治理。《道德经》第二十二章说："曲则全，枉则直，洼则盈，敝则新，少则得，多则惑。是以圣人执一为天下式。"第五章说："多言数穷，不如守中。"个人目标过多，会因紊乱而导致难以实现。国家治理与宏观调控也是如此，调控目标过多导致迷惑，不如仅锚定少数目标。依据著名的丁伯根法则，宏观调控目标数量要匹配工具数量。过多的宏观调控目标会导致没办法找到足够数量的调控工具进行匹配，从而导致调控失效。而且，为额外目标寻找有效的新工具在政策实践上通常较为困难。2008年国际金融危机之后宏观政策共识所倡导的经济与金融双稳定目标及应对政策工具就是典型例子。2008年国际金融危机爆发前理论界和政策界通常认为保证经济稳定就能保证金融稳定，但经济周期与金融周期的运行往往是不同步的。一旦金融体系过于不稳定，还容易引发较为严重的金融危机，这也会反过来威胁经济稳定。2008年国际金融危机以来理论界与政策界均认为，宏观政策的核心目标是既要实现经济稳定，也要实现金融稳定，二者缺一不可。美国在危机后成立了金融稳定监督委员会，欧盟建立了欧洲系统性风险委员会，以保障金融体系的稳定运行。对于额外多出来的金融稳定目标，就不能靠针对经济稳定目标的货币政策来应对，得使用宏观审慎政策来加以应对。但实际上，到底如何实现金融监管到现在为止都还没有切实可行的具体实施策略，还经常需要货币政策等传统工具兼顾稳增长和防风险，这是全球性长期增长乏力的重要原因。那么，目标数量为多少才是最优呢？宏观政策"三策合一"框架对此给出了清晰回答。宏观政策目标并不是越多越好，精简目标有利于提高政策效率和加强预期管理。"三"是指宏观经济政策的稳定、增长、结构三大目标都重要，因为其他任何一个目标都不是顺带可以实现的，而且这三大目标是正则的。"一"是指这三大目标以及相应三大宏观政策工具都统筹在一起以实现人民幸福为最终目的。《道德经》第四十二章的"道生一，一生二，二生三，三生万物"也表明，道是万物起源，"三"足以生成动态的、有规律的万物运行。

兼顾规则与相机调控难以避免偏离既定规则的可能性，应对此问题的关键在于要把有规则作为宏观调控运行的基本前提，要有偏离规则的规则。具体而言，有两种形式。其一，显性的偏离规则。例如，遵守弹性通胀目标制的欧洲央行允许当发生成本冲击时将通胀目标自动上浮一个小额幅度，以在坚守通胀目标制规则下来化解和降低货币政策在面临滞胀时的选择困难。未来，宏观政策还可以设计更多更好的显性偏离规则。其二，隐性的偏离规则。宏观经济实际运行很复杂，难以用某种具体的数学方程进行刻画和求解。对这一难题，宏观经济学的声誉模型巧妙地建议任命厌恶通胀卓有声誉人士担任央行领导人，认为这可以显著降低通胀。这一理论大致符合宏观政策实践，例如美联储主席沃尔克以反通胀著称、伯南克以反危机著称，他们享有治理宏观经济的盛誉并以此解决新难题，获得较好治理成效。《道德经》第十三章说："故贵以身为天下，若可寄天下；爱以身为天下，若可托天下。"即人民可以信任有声誉的宏观调控者。下一节将从道德的视角对于这一问题进行详细讨论。

宏观调控理念五：加强预期管理与提高政策可信度有利于提升宏观调控效率

借鉴《道德经》，预期管理根本之道在于提升政策可信度，不能破坏公众的理性预期，不能长期性欺骗公众。而政策制定者的道德水准有助于根本性地确保政策可信度。

1. 预期显著影响经济主体行为和经济运行

卢卡斯和萨金特创立的新古典宏观经济学认为预期是理性的，论证了预期之中的宏观政策对于经济运行没有影响，只有预期之外的宏观政策才会有影响。新古典宏观经济学将之总结为政策无效性命题，并相应提出了应该减少干预的政策建议。《道德经》第四十八章说："为学日益，为道日损。损之又损，以至于无为。无为而无不为。取天下常以无事，及其有事，不足以取天下。"有人将新古典宏观经济政策无效性命题与《道德经》无为思想简单联系起来，这既是对《道德经》的误读，也是对新古典宏观政策理论的误解。从全书来看，《道德经》只是反对乱作为、乱干预，并非倡导消极不作为。从宏观政策完整理论体系来看，新古典宏观经济学并没有否认预期之中宏观政策对于潜在增长的长期影响，而且新凯恩斯主义还认为宏观政策因为价格黏性可以产生显著的短期效应。

新凯恩斯主义与新古典宏观经济学都承认理性预期，但不同之处在于前者认为短期内价格是黏性的。正是由于这一关键性假定，新凯恩斯主义论证了预期之中和预期之外的宏观政策可以显著影响总产出和宏观经济运行，从而承续了凯恩斯于1936年提出的宏观政策干预主义。基于微观数据的实证研究也验证了短期内价格确实具有黏性。总的来说，预期影响经济运行的理论逻辑与实践基础较为完善。

2. 信心通过政策可信度显著影响宏观调控效率

宏观政策效果取决于公众对于政策的信心。公众信心与政策可信度是一个硬币的两面。以反通胀政策为例，促增长和反通胀都是宏观政策的核心任务，新古典宏观经济学认为货币政策无法促增长，但与新凯恩斯主义一样都认为可以反通胀。新古典宏观经济学和新凯恩斯主义都认为，如果公众不信任反通胀的宏观政策，那么政策效果将会很差，而如果政策可信度高，那么政策效果将会很好。新古典宏观经济学还证明如果公众具有理性预期，而且对于宏观政策充分信任，那么理想情形下宏观政策甚至可以实现零代价的反通胀。

20世纪80年代的美联储主席沃尔克以其强势个性增强了反通胀政策的可信度，成功地降低了美国大通胀，而且降低通胀所付出的增长下滑代价比理论界所预先测算的要小很多。这个实例表明政策可信度在政策实践中很重要，正如《道德经》第十七章所言："信不足焉，有不信焉。悠兮其贵言。"

3. 西方宏观理论的预期管理之术：政策透明度沟通和前瞻性指引

新古典宏观经济学和新凯恩斯主义两大学派分别着眼于长期和短期，但共同地认为预期之中与预期之外的政策效果完全不同，也共同地认为公众信心和政策可信度会影响政策效果。宏观政策制定者有必要了解公众对于政策的预期和信心。这就是作为新型宏观政策工具的预期管理的理论缘由。

预期管理通过加强与公众的信息沟通来引导公众预期，从而提高宏观政策的调控效率。加强预期管理，既可以提高宏观政策传导效率，又可以节省宏观政策空间。2008年国际金融危机之后，美国等经济体强化预期管理的重要原因就是，常规货币政策工具空间明显不足，无法加大政策力度，因此使用非常规货币政策工具加以辅助。预期管理与理性预期革命是一脉相承的，不能长期性和系统性地欺骗公众，关键在于通过政策可信度取信于民。预期管理因而主要包含政策透明度沟通和前瞻性指引两个方面。

预期管理在西方宏观政策理论和实践中主要局限于货币政策。货币政策的透明度包括目标信息透明度、经济信息透明度、决策信息透明度和操作信息透明度等。货币政策的前瞻性指引是对未来货币政策取向的明确指引,前瞻性指引通过发布未来货币政策路径等前瞻性信息来引导公众预期。2008年国际金融危机爆发后,美国、加拿大、瑞典、日本和英国等国家纷纷对货币政策实施了前瞻性指引。早期的前瞻性指引主要是开放式指引,后来逐步演变到日历式指引和目标式指引。日历式指引通过在开放式指引的基础上引入具体的政策持续时间,降低了政策的不确定性,从而能够更好地稳定市场预期。目标式指引通过在开放式指引的基础上引入政策目标,不仅能够避免日历式指引下货币政策灵活性受到约束的问题,而且明确的政策目标有助于进一步锚定市场的预期。

中国特色预期管理与西方国家有较大的区别,超越了西方宏观理论的预期管理之术。中国特色预期管理广泛地应用于整个宏观经济治理体系之中,包括货币政策的短期预期管理(与西方国家的预期管理近似)、中央通过年末召开的中央经济工作会议与年初政府工作报告实施的年度预期管理以及中央通过定期制定经济发展的五年规划与发布经济发展的远景目标所实施的长期预期管理。中国特色预期管理有机结合短期、中期、长期三个维度的预期管理,更好地锚定了公众预期,更符合宏观政策"三策合一"新理论框架,能够更好地提高宏观政策的整体调控效率。总的来说,中国的中长期预期管理做得较好,但短期预期管理还需要改进,因此中国特色预期管理的优势还没有完全发挥出来。

4. 借鉴《道德经》,践行预期管理之道:规则化宏观调控与宏观调控者加强道德修养

西方宏观理论与欧美经济体所倡导的政策透明度沟通和前瞻性指引只是预期管理之术,还不是预期管理的根本之道。西方宏观理论研究了公众

信心和政策可信度对于宏观政策效率和效果的影响机制和重要性，也陈述了宏观政策制定者声誉的重要性，但没有回答信誉与声誉如何形成，及其与道德力量的关系。"道"在《道德经》中具有三种不同含义，即描述万物根源的道体、总结规律的规则、约束行为的道德。第一种含义也是广义的规则。因此，可以从规则和道德两个方面强化预期管理的根本之道。

第一，遵循《道德经》，宏观调控者加强道德修养有助于声誉养成和国家治理提效。

以人民为中心，才能形成诚信和最高声誉。《道德经》第四十九章说："圣人常无心，以百姓心为心。善者，吾善之；不善者，吾亦善之；德善。信者，吾信之；不信者，吾亦信之；德信。圣人在天下，歙歙焉，为天下浑其心，百姓皆注其耳目，圣人皆孩之。"以人民为中心，连不善之人也要善待，自然就人人向善，连无诚信之人也要信任，自然就人人诚信，宏观政策也会具有可信度。《道德经》第三十九章说："故贵以贱为本，高以下为基。是以侯王自谓孤、寡、不谷。此非以贱为本邪？非乎？故至誉无誉。"以人民为中心所获得声誉为最高声誉，以至于无须赞誉、无法赞誉。《道德经》关于政策制定者道德修养的思想比西方宏观理论关于央行行长声誉的观点更深邃、更根本。获得2004年诺贝尔经济学奖的基德兰德和普雷斯科特发表于1977年的动态不一致性模型给出了破解不一致性带来无信誉和无效高通胀的简单办法，即任命非常厌恶通胀的人担任央行行长[①]。这确实解释了为什么更关注失业的美国时任总统会任命更关注通胀的格林斯潘为美联储主席，也解释了为什么各国经常任命著名宏观经济学家担任央行行长。但是，声誉与口碑只是浅层次的外在表象，学者型官员追求学术创新而改变学术观点也正常。只有以人民为中心所形成的声誉才是根本

---

① Kydland F E, Prescott E C. Rules rather than discretion: the inconsistency of optimal plans. Journal of political economy, 1977, 85 (3): 473-491.

遵循，才能养成根本性声誉。

贵身和修身，才能收获诚信。《道德经》第三十八章论述了道德与忠信的关系："上德不德，是以有德；下德不失德，是以无德。上德无为而无以为；上仁为之而无以为；上义为之而有以为。上礼为之而莫之应，则攘臂而扔之。故失道而后德，失德而后仁，失仁而后义，失义而后礼。夫礼者，忠信之薄，而乱之首。前识者，道之华，而愚之始。是以大丈夫处其厚不居其薄；处其实，不居其华。故去彼取此。"

《道德经》第十三章说："何谓贵大患若身？吾所以有大患者，为吾有身，及吾无身，吾有何患？故贵以身为天下，若可寄天下；爱以身为天下，若可托天下。"连自身都不珍惜，又怎么会珍惜他人和天下？宏观政策制定者稳重戒躁有助于宏观经济治理，《道德经》第二十六章说："重为轻根，静为躁君。是以君子终日行不离辎重。虽有荣观，燕处超然。奈何万乘之主，而以身轻天下？轻则失根，躁则失君。"政策制定者行为轻佻不稳重，所出台的宏观政策就容易轻率，也就容易加大经济体的不稳定性。《道德经》的这一看法既浅显，又深刻。

慎重对待许诺，才能杜绝寡信。《道德经》第六十三章说，"夫轻诺必寡信"。如果宏观政策制定者诚信不足，那么即使宏观政策充分采用透明度和前瞻性指引等预期管理之术，也无法产生良好的政策效果。战国时期秦国商鞅初推新法令，民众不信任，于是立木于城南门，称若徙之北门则赏五十金。有胆大者徙木于北门，商鞅践行诺言赏五十金，以立木建信，顺利推行新法令。

政策言语朴素可信，才能建立信任。《道德经》第八十一章说："信言不美，美言不信。善者不辩，辩者不善。"真话不需要华美之词。宏观政策之所以可信，并不是它文采斐然，而只是可通过事后兑现承诺来体现诚信。从这个意义上来说，政策文件表述朴素，如同人衣着朴素，都是胜在内在的内容。《道德经》第七十章说:"吾言甚易知,甚易行。天下莫能知,莫能行。言有宗,事有君。夫唯无知,是以不我知。知我者希,则我者贵。是以圣人被褐怀玉。"这句话将预期管理和看上去毫不相干的衣着朴素两者联系起来,其实质则是道和德的相统一。道德修养有助于宏观治理,而宏观治理的简洁性有助于预期管理,《道德经》第十九章说:"绝智弃辩,民利百倍;绝伪弃诈,民复孝慈;绝巧弃利,盗贼无有。此三者以为文,不足。故令有所属:见素抱朴,少私寡欲。"

第二,遵循《道德经》,规则化宏观调控可以更好地实施预期管理。

《道德经》第七十章说:"吾言甚易知,甚易行。天下莫能知,莫能行。言有宗,事有君。夫唯无知,是以不我知。知我者希,则我者贵。是以圣人被褐怀玉。"宏观调控有规则,以及当需要相机调控时有偏离规则的规则,那么政策才会"甚易知,甚易行",取得良好政策效果。

究其原因,相比相机调控,规则化宏观调控不破坏经济自然运行,也就不破坏预期,可以更好地实施预期管理。《道德经》第十七章说:"太上,下知有之;其次,亲而誉之;其次,畏之;其次,侮之。信不足焉,有不信焉。悠兮其贵言。功成事遂,百姓皆谓:'我自然。'"规则化宏观调控可以实现"下知有之"的最佳状态,民众只是感受到政策的存在并且信任之和理性预期之,即使政策已经落地和已经取得了成效,"百姓皆谓:'我自然'",民众都不认为自己所参与的经济运行机制受到了破坏。

5. 面对信息不对称下的无知状态,《道德经》的预调微调思想比著名的卢卡斯批判更有建设性

著名的卢卡斯批判认为预期不稳定,基于预期的宏观计量模型稳健性

不足,用模型实施的政策评估可能是有误的[①]。卢卡斯批判对宏观经济学和计量经济学的发展产生了深远影响[②]。

对于信息不对称下如何制定宏观政策,《道德经》相关思想比卢卡斯批判更具建设性,第七十一章指出:"知不知,尚矣;不知知,病也。圣人不病,以其病病。夫唯病病,是以不病。"宏观调控者要坦承不可能知道全部知识与信息,也难以对于未来进行准确预测。那么,不确定性之下如何制定宏观政策呢?遵循《道德经》的思想,答案是宏观政策需要预调微调。《道德经》第六十四章说:"其安易持,其未兆易谋。其脆易泮,其微易散。为之于未有,治之于未乱。合抱之木,生于毫末;九层之台,起于累土;千里之行,始于足下……民之从事,常于几成而败之。慎终如始,则无败事。"在这一章里,《道德经》强调了预调成本低、难度小,宏观调控微调累积效应显著,明确宏观调控需要预调,需要保持政策的连续性。

宏观调控理念六:政策空间管理有利于提升宏观调控可持续性

1. 借鉴《道德经》,要更加重视宏观调控的空间管理

空间管理很重要,有助于保持政策可持续性,从而政策能够保持一定

[①] Lucas R E. Econometric policy evaluation: a critique. Carnegie-Rochester Conference Series on Public Policy, 1976, 1 (1): 19 - 46.
[②] 社会科学尤其是经济学有一个有趣也令人沮丧的现象是,刚刚获得学界与公众认可的重要理论很快就会失效,马尔萨斯人口论、菲利普斯曲线和泰勒规则等著名理论提出来之后没多久就不再准确了。相比之下,自然科学没有令研究者如此沮丧。应该看到,自然科学的研究对象是非人类物体,对于研究者提出某个关于它的研究没有反作用。然而,社会科学的研究对象是人或人类社会,会通过资本市场套利等机制对经济运行规律产生反作用,从而导致经济规律失效。这与主要关注预期不稳定性的卢卡斯批判不一样。因此,经济理论失效并不见得一定就是理论的失败,有时也许恰恰说明该理论的正确性。

的力度以实现政策目标。如果政策空间不足，宏观政策容易发生急转弯，这就会打击市场信心，进而导致宏观调控的效果大打折扣。宏观调控需要节省空间和更好保持连续性，《道德经》第五十九章说："治人事天，莫若啬。夫唯啬，是谓早服；早服谓之重积德；重积德则无不克；无不克则莫知其极；莫知其极，可以有国；有国之母，可以长久；是谓深根固柢，长生久视之道。"

关于空间管理，中国和日本分别提供了正反两个方面的案例。中国近年来高度重视宏观政策的可持续性。《政府工作报告》、中央经济工作会议、中央政治局会议均多次强调要"保持宏观政策连续性、稳定性、可持续性"。日本则不然。2008年国际金融危机后，安倍经济学的松财政"第一支箭"和宽货币"第二支箭"落地之后收到一定成效。但是，日本政府债务率已经居于全世界最高水平，导致积极财政政策空间狭窄、宏观政策难以持续。安倍政府在2014年将消费税率从5%提高到8%，就打击了市场信心，将刚刚好转的日本经济压了下去。

2. 政策空间不是越大越好，要以适度为宜

货币政策和财政政策的政策空间管理需要通过宏观政策评价中的空间管理评价来实现最优空间水平。

政策空间过小，会导致宏观政策可持续较差。以债务水平度量的财政政策空间为例。通常使用政府部门债务率作为财政政策空间的主要测度指标，在应对经济下行压力时，不管是增加财政支出还是减税降费，都会转变为政府债务的扩张。如果政府债务负担过重，财政政策空间随之收窄，积极财政政策将难以持续。除了需要按照国际经验规则结合本国国情来评估财政政策空间之外，还需要前瞻性地考虑未来政策空间。例如，随着中国老龄化的不断推进以及社会保障体系的不断完善，中国的政府部门债务

率将会呈现上升趋势。据 IMF 于 2020 年的预测，未来五年中国政府部门债务率将会提高 20 个百分点左右，从而使得财政政策空间逐步收窄。因此，中国需要为未来预留一定的宝贵财政政策空间。

政策空间过大，会导致宏观政策成本过高。以货币政策空间为例，如果保留足够的政策空间，那么利率、存款准备金率、外汇储备等都会处于过高水平。过高的利率会导致资金成本高企和企业运行成本偏高。过高的存款准备金率会导致银行成本上升，金融竞争力减弱。过高的外汇储备会导致基础货币超发、巨额投资回报率过低、国家金融安全容易被"绑架"。《道德经》第四十四章指出过多必然浪费，"名与身孰亲？身与货孰多？得与亡孰病？甚爱必大费；多藏必厚亡"，当前空间知足有利于可持续性，"知足不辱，知止不殆，可以长久"，因此，宏观政策空间需要适宜适度。

3. 借鉴《道德经》，政策力度既要实现政策目标，也要预留未来政策空间

宏观政策力度不足，就无法实现政策效果和政策目标。相反，如果宏观政策力度过高，那么会透支未来政策空间，不利于政策连续性。先贤观察到天地大自然都无法持续暴风骤雨，由此而质疑由人实施的宏观治理能否强势持续下去。《道德经》第二十三章说："希言自然。故飘风不终朝，骤雨不终日。孰为此者？天地。天地尚不能久，而况于人乎？"

微刺激相比强刺激可以更好地节省空间和增强可持续性。"四万亿计划"是比较典型的强刺激政策，当时它发挥了重要作用，有效地促进经济复苏和防止经济衰退，甚至预防了经济危机发生，功不可没。但是，也要看到它带来很多后遗症。比如：物价水平快速上升，房价等资产价格迅猛上涨；产能过剩问题更加突出；地方政府加大举债规模以刺激经济扩张，导致债务问题凸显；经济结构失衡现象进一步恶化；等等。相比强刺激政

策,微刺激政策虽然仍属于政府依靠项目投资等手段拉动经济增长的调控方式,但是具有明显的优点。比如,微刺激更加注重预调与微调,力度相对温和,对经济带来的负面影响相对较小;微刺激能够为宏观调控节省空间,从而增强政策的可持续性。评价宏观调控,既要看政策力度和政策效率,也要看政策空间。需要预留政策空间以备不时之需。就像古时农户一样,丰收之年不能图一时之爽吃光所有农作物,而要有所储备,万一遭遇歉收年份就相对容易度过。新常态以来,中国经济虽有下行压力但还比较平稳,需要用平常心对待次高速增长,没有必要过于消耗宝贵政策空间来追求未来二十年继续8%的高速增长这种不切实际的目标。只要着力落实经济高质量发展,现在经济增速每年保持在5%～6.5%左右也是很好的,还可以为未来预留宝贵政策空间。这段时期的中国货币政策空间和财政政策空间都要明显优于欧美和日本等经济体,就主要得益于中国进行了较好的空间管理,不再实施强刺激政策,转为实施微刺激政策。

宏观政策力度设定需要在政策效果、政策空间之间取得最佳平衡。烹饪小鱼时,油过热容易炸焦,油温不足则鱼皮娇嫩容易粘锅,合适火候不易掌握。在各种考量之间寻找最佳平衡很不容易,《道德经》第六十章由此感叹:"治大国,若烹小鲜。"《道德经》第三十章对于宏观调控的政策效果、政策空间和价值标准具有借鉴意义。其一,宏观治理要以达到政策效果为遵循,而不可强用。其二,道德是评价政策效果和宏观调控者行动的价值标准:"果而勿矜,果而勿伐,果而勿骄,果而不得已,果而勿强。"其三,不合道容易早衰,无规则的、过强的宏观政策会过快损耗政策空间而影响政策可持续性,即"物壮则老,是谓不道,不道早已"。

❤ 4. 宏观政策退出机制有助于改善空间管理

宏观政策退出机制指当经济金融危机已经结束或快要结束时,需要取消应对危机所采取的扩张性货币政策和财政政策。虽然退出时机选择较为困难，但有必要使用退出机制。主要有两点理由：一是如果保留这些非常规宏观政策，会收窄宏观政策空间和影响其可持续性。二是在新时点，保留这些宏观政策的政策收益已经显著小于政策代价。《道德经》第九章蕴含了政策退出思想："持而盈之，不如其已；揣而锐之，不可长保。金玉满堂，莫之能守；富贵而骄，自遗其咎。功遂身退，天之道也。"

美国宏观政策的退出机制做得不错。2008年次贷危机时，美国短期利率迅速接近于零，货币政策陷入了凯恩斯所预言的流动性陷阱而难以发挥作用。伯南克采取的多种危机应对措施之一是量化宽松货币政策。美联储在购买短期国库券传统公开市场操作之外，还购买长期债券等其他资产，以通过降低长期利率来进一步促进投资和加快经济复苏。正是由于量化宽松货币政策本质上仍然是广义公开市场操作，它就可以通过出售长期债券的反向操作来较为容易地实施退出机制。

相比之下，中国宏观政策的退出机制还需要进一步探索和加强。中国使用投资政策比西方国家更为广泛，投资政策在宏观政策体系中处于更重要的位置。投资政策既能扩大总需求，也能扩大总供给，能够以双轮驱动方式促进长期经济增长。投资政策是中国经济增长奇迹的重要原因。然而，有效应对2008年国际金融危机的中国"四万亿计划"却难以具有类似于美国量化宽松货币政策的较好退出机制。未来在应对经济衰退和危机时，除了主要考虑宏观政策的时机、力度、效率之外，还需要考虑宏观政策的类型，需要多采用有退出机制的宏观政策，而减少采用没有退出机制的宏观政策。

5. 吸收《道德经》的天长地久思想，宏观调控能够创造更多政策空间

政策空间如此宝贵，那么有没有可能拥有无限或者近乎无限的政策空

间呢？果真如此的话，宏观政策空间管理就易如反掌。乍一听会觉得无限政策空间想法是天方夜谭、不切实际。对这一问题，《道德经》从独特视角给出了超越现代宏观理论的解决方案。

在讨论《道德经》的这一充满想象力的重要思想之前，先介绍一下数学中的希尔伯特宾馆悖论。如果宾馆是有限的，而又住满了客人，那么新来一名客人显然无法入住，这也是常识。假想有一个宾馆，拥有无限多的房间，也住满了客人。现在新来一名客人，按照常识是不是要将客人拒之门外呢？答案是否定的。解决方案是让新来的客人入住第一间客房，而将原来第一间客房的客人挪至第二间客房，如此类推，以至于无限。这个超越常识的答案并非有多神奇，只是因为用有限思维是无法理解无限思维而已，用数学语言来说，就是有限情形的基本运算法则不适用于无限情形的极限运算法则。

《道德经》第八十一章说："圣人不积，既以为人己愈有，既以与人己愈多。天之道，利而不害；圣人之道，为而不争。"第七章说："天长地久。天地所以能长且久者，以其不自生，故能长生。是以圣人后其身而身先；外其身而身存。非以其无私邪？故能成其私。"宏观调控以人民为中心、以人民幸福为最终目的，通过加强政策协调来提升政策效率，宏观调控空间因而不但不会收缩，反而会得以存续甚至扩张。《道德经》第六章因而总结道："谷神不死，是谓玄牝。玄牝之门，是谓天地根。绵绵若存，用之不勤。"下面举例说明。

在宏观政策"三策合一"新框架下，增长政策和结构政策既可以提升潜在增速，也可以提高调控效率，从而拓宽稳定政策的空间。扩张性货币政策和财政政策在提高 M2/GDP 和债务/GDP 的分子的同时，可以更大幅度地提升这两个比例的分母，从而控制住这两个比例的上升。对于宏观杠杆率而言，较低的宏观杠杆率有助于化解其对宏观政策的制约；可以帮助地方政府摆脱还本付息的困扰，将更多的财政资金用于教育、医疗和社会保障等民生领域，并且腾出更大的空间来减税降费，促进家庭消费和企业投资，增强经济内生增长动力。宏观调控以人民为中心、以人民幸福为最终目的，因而会千方百计提高调控效率，从而帮助 GDP 规模和质量上升得更快。这一过程之中，财政政策和货币政策的空间不但没有缩减反而更大，这完全实现了《道德经》所说的"圣人不积，既以为人己愈有，既以与人己愈多"。

宏观政策"三策合一"新框架下的这一新思路完全不同于通过提升通货膨胀做大比值的分母来稀释债务。表面上看，提升通胀率，可以做大宏观杠杆率（债务/GDP）的分母中的价格因素，从而降低杠杆率。但是，这会导致 M2/GDP 比例迅速提升，从而在长期中导致恶性通货膨胀。世界经济史的许多重大教训已经证明一国用通货膨胀来抵消债务偿还是最差解决方案。21 世纪以来，委内瑞拉和津巴布韦等国家的恶性通胀案例表明并非所有人都深刻理解这一历史教训。中国尤其需要汲取这一教训。中国低收入群体规模较大，财产性收入较低，抵御通胀能力较弱，一旦发生严重通胀，容易蒙受较大损失，不利于社会和谐稳定。

宏观调控理念七：宏观调控要重视宏观政策国际协调和大国小国相处之道

宏观政策国际协调对于一国宏观政策制定与实施非常重要，因为各国彼此关联、相互影响。早在现代宏观经济学诞生的 20 世纪 30 年代全球大萧条时代，虽然那时还远不是"地球村"，国际贸易与国际金融还远不如现在发达，就已经出现了率先脱离金本位让本币贬值的国家容易走出萧条的现象。2008 年国际金融危机之后，尽管出现了一些逆全球化的声音，但经济全球化仍是主旋律，宏观政策国际协调的重要性与迫切性因而日益凸显。习近平总书记在2022年世界经济论坛视频会议上倡议加强宏观政策国际协调："现在，大家有一种共识，就是推动世界经济走出危机、实现复苏，必须加强宏观政策协调。主要经济体要树立共同体意识，强化系统观念，加强政策信息透明和共享，协调好财政、货币政策目标、力度、节奏，防止世界经济再次探底。主要发达国家要采取负责任的经济政策，把控好政策外溢效应，避免给发展中国家造成严重冲击。国际经济金融机构要发挥建设性作用，凝聚国际共识，增强政策协同，防范系统性风险。"①

从全球视角来看，宏观政策国际协调还存在不少问题。这里面既有理论上的问题，也有制度上的问题。在理论上，宏观政策国际协调的传统理论存在不能恰当指导实践的不足。传统理论以蒙代尔-弗莱明小国开放宏观模型为主，模型中的本国是小型国家，利率即为资本流动的世界金融市场决定的利率，本国无从干预。本国只能通过汇率制度的选择与调整来有限影响本国经济。模型所刻画的本质是大国霸道主义或者美元霸权主义，小国只能被动接受来自美国宏观政策的溢出效应。美国财政部原部长康纳利的名言"美元是我们的货币，却是你们的麻烦"，就是对美元霸权主义的形象描述，也充分体现了小国开放宏观模型与现实不相匹配的缺陷。

在制度上，宏观政策国际协调还存在体制机制缺失。2008年国际金融危机之前的几十年，各国主要强调本国宏观政策的独立性，并不欢迎本国政策被协调和被监督。2008年国际金融危机爆发后，出于对百年一遇的金融海啸的恐惧，相关各国携手出台强有力宏观政策甚至是非常规宏观政策来避免大萧条，中国和美国贡献尤其巨大。此轮金融危机的前期轨迹与1929年大萧条高度类似，但迅速得到了控制，这与大萧条形成了明显对

---

① 习近平. 坚定信心 勇毅前行 共创后疫情时代美好世界：在2022年世界经济论坛视频会议的演讲. 人民日报，2022-01-18.

比。这个案例充分表明宏观政策国际协调很重要、很有效。2008年国际金融危机之后，各界更为重视宏观政策的国际协调与监督。遗憾的是，宏观政策国际协调制度建设至今还步履艰难。与宏观政策国际协调功能最接近的国际组织是IMF，但IMF连作为核心职责的汇率监督都难以有效执行，协调各国货币财政政策的难度就更大了。而且，IMF的治理架构与各国宏观政策协调与监督也相去甚远，中国等新兴国家的作用还没有得到充分发挥。

鉴于宏观政策国际协调的现实重要性和思想匮乏性之间的矛盾，有必要吸收《道德经》的相关思想，以帮助开启新思维、走出新道路。

其一，国家无论大小，都要相互尊重，为政策协调营造和谐共处氛围。《道德经》第六十一章说："大邦者下流，天下之牝，天下之交也。牝常以静胜牡，以静为下。故大邦以下小邦，则取小邦；小邦以下大邦，则取大邦。故或下以取，或下而取。大邦不过欲兼畜人，小邦不过欲入事人。夫两者各得所欲，大者宜为下。"大国善待小国，大国小国各取所需，各自实现自己的战略目的。一千多年前的古老思想在今天的全球治理和国际交往中仍然具有重要的借鉴价值。

其二，道德力量是国际政策协调的基础。《道德经》第五十四章说："善建者不拔，善抱者不脱，子孙以祭祀不辍。修之于身，其德乃真；修之于家，其德乃余；修之于乡，其德乃长；修之于邦，其德乃丰；修之于天下，其德乃普。故以身观身，以家观家，以乡观乡，以邦观邦，以天下观天下。吾何以知天下然哉？以此。"

其三，化解恩怨，合作共赢，在做大蛋糕的共同发展中来解决发展的问题。除非涉及核心利益，尽量化解国家之间的历史恩怨。《道德经》第七十九章说："和大怨，必有余怨，安可以为善？是以圣人执左契，而不责于人。有德司契，无德司彻。天道无亲，常与善人。"两国一旦有过怨恨，即使和解了，也会有余恨。按照《道德经》的这一思想，历史上某些国家的某些恩恩怨怨，应尽量化解。即使当时某国曾经吃了亏，现在有道理继续责怪另外的国家，但也要暂且搁置争议，"执左契，而不责于人"，这样才能渐入和谐共处的佳境，才能对于当下的宏观政策进行有效协调。合作确实可以共赢，《道德经》第八十一章说："圣人不积，既以为人己愈有，既以与人己愈多。天之道，利而不害；圣人之道，为而不争。"

遵从《道德经》的以上三点千年智慧，大国和小国能各得其所，大国能避免霸权主义和达到《道德经》所说的"是以天下乐推而不厌"的新境界，小国能避免大国政策失误带来的溢出效应和实现健康发展。

宏观调控理念八："规则化宏观调控＋市场机制"是宏微观政策最佳搭配

规则化宏观调控能够解决市场失灵导致的经济金融不稳定问题，但又不破坏公众预期，因而可与市场机制完美搭配形成宏微观政策最佳组合。这有助于处理好政府与市场的关系，发挥两者积极性，真正实现《道德经》所述的"是以圣人欲不欲，不贵难得之货；学不学，复众人之所过，以辅万物之自然而不敢为"的宏观治理合理定位，真正实现"太上，下知有之"的宏观治理最高境界。

1. 规则化宏观调控体现在宏观政策"三策合一"的目标体系规则与协调机制规则

宏观政策"三策合一"新理论框架，将稳定政策、增长政策和结构政策统筹起来，消除产出缺口和长期潜在增速缺口，促使实际经济增速、长期潜在增速和最优经济结构下的潜在增速合理水平三者趋于一致，从而实现最优经济结构下的短期平稳运行与长期稳定增长。规则化宏观调控集中体现在宏观政策"三策合一"给出了明确的目标体系规则与协调机制规则。

第一，宏观政策"三策合一"框架下目标体系重构为稳定、增长和结构三大类目标体系，明确宏观政策的目标规则。

宏观经济政策目标不同于国家治理目标。宏观政策目标并不是越多越好，精简目标有利于提高政策效率和加强预期管理。宏观经济政策的稳定、增长、结构三大目标都重要，因为其他任何一个目标都不是顺带可以实现的。其一，稳定目标体系包括经济稳定目标和金融稳定目标，而且经济稳定目标包括短期经济稳定和长期经济稳定两类目标。与主流宏观政策理论框架以及2008年以来的新共识相比，宏观政策"三策合一"新框架下稳定目标体系的最大不同在于增加了长期经济稳定目标。这是因为，当潜在增速存在内生决定因素时，名义刚性会导致潜在增速无效调整，进而导致潜在增速显著偏离中长期结构因素处于最优状态时所对应的合理增速，亦即出现潜在增速缺口。由于存在产出缺口与潜在增速缺口的权衡取舍关系，稳定政策需要对潜在增速缺口作出必要反应，也正因如此，需要将长期稳定目标纳入稳定目标体系。实现短期经济稳定和长期经济稳定主要依靠货币政策和财政政策，实现金融稳定主要依靠宏观审慎政策。其二，增长目标体系主要是指长期经济目标。政府部门可以使用产业政策和人力资本政策等增长政策，提升潜在增速水平。需要注意的是，如果没有结构政策的配合，增长政策只能调整既定经济结构下的潜在增速，可能仍然会偏离潜在产出的合理增速，导致显著的潜在增速缺口。其三，结构目标体系主要包括总需求结构、总供给结构、收入分配结构、债务结构、产业结构等。政府部门可以基于结构失衡的具体表现，有针对性地选择适用的结构政策，帮助经济体摆脱结构失衡局面并调整至最优经济结构。最优经济结构之下,潜在增速才能够达到其合理水平。

第二,宏观政策"三策合一"框架下,成立专门的协调机构,打造"政策协调—政策制定—政策评价"的政策协调体系,明确宏观政策的协调规则。

三大类宏观政策之间的协调属于多层次协调。由小到大,主要是如下三个层面的协调。其一,在稳定政策里,货币政策、财政政策和宏观审慎政策之间需要相互协调,统筹实现短期稳定目标和长期潜在增速稳定目标。其二,稳定政策、增长政策和结构政策之间需要相互协调,以实现经济与金融稳定、长期增长、结构优化三大类目标。其三,对于三大类目标以外的重要国家治理目标,需要三大类宏观政策与广义口径下的其他宏观政策协调配合。

正因如此,宏观政策"三策合一"新框架下政策协调的难度较大,需要加强政策协调的体制机制建设。其一,成立宏观政策协调委员会,打造"政策协调—政策制定—政策评价"的政策协调体系,从体制机制层面确保"三策合一"能够落实到位。其二,在宏观政策协调委员会的统筹之下,加强稳定目标、增长目标、结构目标三大类政策目标之间的协调配合,从目标层面确保"三策合一"能够落实到位。其三,在宏观政策协调委员会的统筹之下,加强政策工具之间的协调配合,从政策工具层面确保"三策合一"能够落实到位。

2. "规则化宏观调控＋市场机制"组合能处理好政府与市场的关系、发挥两者积极性

政府宏观调控对经济运行有重大意义。经济参与者情绪不稳定会导致经济不稳定,需要政府政策加以干预。根据凯恩斯主义的解释,人的情绪有时无法克制,类似于动物本能,有时会情绪过热,有时又有悲观情绪,

导致情绪化投资者的投资要么过度,要么不足。对于这种无法控制的经济冲击需要政府政策进行平抑。此外,市场失灵需要政府宏观政策出手援助。市场机制对于工资刚性下市场无法出清、"债务—通缩"效应、金融加速器效应、磁滞效应等问题无能为力,都需要宏观政策出手,否则经济会滑向不断恶化的深渊,直至崩溃。

政府宏观调控也需要微观市场主体的配合与补充。政府并非全知全能,政府的调控政策本身也存在局限性。其一,政府政策往往具有长且可变的时滞。时滞分为内在时滞和外在时滞两种。货币政策通常外在时滞较长,而财政政策通常内在时滞较长,发达国家尤其如此,而且这些时滞往往增加了政策效果的不确定性。其二,经济预测十分困难。宏观政策存在时滞意味着政策制定者需要对未来一段时间内的经济走势作出预测,然而,不仅经济冲击与波动本身通常无法预知,更重要的是,根据卢卡斯批判,人们对政策行动的反应也是难以预料的。《道德经》第七十一章也说:"知不知,尚矣;不知知,病也。圣人不病,以其病病。夫唯病病,是以不病。"因此,政府宏观调控并非无所不能,当宏观政策面临局限时,需要微观市场机制发挥作用,灵活调节,从而共同实现宏观经济目标。

由此可见,政府和市场并非各自为政,宏观调控也不仅仅是政府的责任,而是需要市场机制的配合与补充。实施宏观调控既要发挥好政府的作用,更要重视市场的作用。这就需要政府政策为市场机制发挥作用创造良好环境。党的十八届三中全会指出:"经济体制改革是全面深化改革的重点,核心问题是处理好政府和市场的关系,使市场在资源配置中起决定性作用和更好发挥政府作用。市场决定资源配置是市场经济的一般规律,健全社会主义市场经济体制必须遵循这条规律,着力解决市场体系不完善、政府干预过多和监管不到位问题。"①

---

① 中共中央关于全面深化改革若干重大问题的决定. 北京:人民出版社,2013:5-6.

"规则化宏观调控＋市场机制"宏微观政策措施组合，具体而言就是"宏观政策'三策合一'＋结构改革"。宏观政策"三策合一"中的结构政策与结构改革是不同的。将结构改革与作为宏观经济政策的结构政策两者清晰地区别开来，不但不是忽视结构改革的重要性，而恰恰是为了更好地发挥其作用。以中国为例，"宏观政策'三策合一'＋结构改革"的宏微观政策措施组合，可能是应对当前及未来中国经济复杂形势更完整的组合拳。宏观政策"三策合一"主要是可以更合理更有效地应对经济稳定问题、提升潜在增长问题和改善宏观结构问题，从三维视角提高宏观调控效率和保障宏观经济平稳运行。结构改革，尤其是使用改革的办法和优化激励机制的措施，围绕破除制约市场主体发展的体制机制障碍精准发力，形成一视同仁、公平竞争的市场环境，把地方政府、各类型企业和各收入层家庭居民等各类市场主体活力释放出来。结构改革有助于让地方政府更合理有为、企业部门更高质量更多数量地投资、家庭部门更好满足人民日益增长的美好生活需要，而且，还有助于更好实施作为宏观经济政策的结构政策，更好提升市场运行效率，从而提升全要素生产率和潜在经济增长。

宏观调控理念九：创新宏观调控以适应经济形态变化

人类历史上经济形态在不断变化，总体上日趋进步、日渐复杂。其一，人类经济发展水平在技术进步的作用下不断提升。第一次工业革命之后人类发展水平的突然提速，以及每一轮工业革命及其科技浪潮对于经济的影响，都验证了技术进步对于长期经济发展具有持续性的直接推动作用。其二，有学者使用远古墓穴的大小作为财富的度量替代指标，发现人类历史上每一轮技术进步都会伴随着贫富差距的扩大。近几十年的第三次工业革命和目前已有迹象的第四次工业革命也引发了显著的贫富差距扩大情况。

其三，自然破坏所引发的各种灾害对经济运行造成了更为频繁的外生冲击，远不止古时就有的太阳黑子爆发波动对于农业部门的冲击，造成了经济不稳定性的大幅上升。百年一遇的灾害以胖尾概率时常发生。其四，人类经济与金融系统复杂程度在不断加大，最近几十年又进一步变得更加复杂，而复杂性的增加会加大经济系统的不稳定性，以及传统宏观调控模式应对匹配性的下降。

经济形态不断变化，宏观调控也要相应变化。经济形态的变化会导致调控目标发生变化，因而调控工具需要相应变化。此外，经济形态的变化会导致调控传导机制发生变化，因而调控模式需要变化。1936年凯恩斯主义诞生以来，宏观调控的主要手段从早期的以财政政策为主，到20世纪80年代至2008年国际金融危机的以货币政策为主，再到危机后更为强调货币政策与财政政策的合理协调，这些不断变化固然与宏观经济学理论的不断深入有关，但更关键、更本质的因素在于几十年来经济形态的不断变化。例如，20世纪90年代，全球金融创新加快步伐，理论上原本应该等价的数量型货币政策和价格型货币政策发生了变化，美国等国家纷纷转向了价格型货币政策。因此，历史长河中人类社会每一步大幅跨越，经济形态、经济结构和经济模式都发生剧烈变化，经济治理体系尤其是宏观政策体系当然也需要相应进行调整与创新，否则调控效率会大幅下降。

当前正在如火如荼进行的人工智能与大数据新科技浪潮，未来还会延续较长一段时间。新技术已经导致了贫富差距进一步拉大、中间阶层进一步去价值化、财富与创新能力进一步向少数人集中，宏观生产函数等方法所刻画的经济形态发生了前所未有的变化，宏观经济学似乎出现了所谓的失败，世界各国宏观调控效率不断下降。然而，人类不能简单地"躺平"了之，而要积极主动地创新宏观调控模式以适应经济形态的变化，要使用宏观政策"三策合一"对经济结构和长期增长机制体制约束因素进行相应调整与改革，这样才能建设性地解决问题。

创新宏观调控以适应经济形态变化，需要吸收《道德经》相关宝贵思想。《道德经》第十五章说："孰能浊以静之徐清；孰能安以动之徐生。保此道者，不欲盈。夫唯不盈，故能蔽而新成。"该章蕴含了创新之变和守正之不变两者和谐统一的守正创新思想。创新之变体现在建议国家宏观经济治理需要不断创新，"故能蔽而新成"。守正之不变体现在建议"保此道者"，要永远追求以人民幸福为最终目的的宏观调控模式，要永远像"上善若水"般处理好宏观调控与市场经济运行的关系。在数字经济正在逐渐取代工业经济的当下，这对于我们如何正确地看待宏观政策的"失效"、如何恰当地创新和完善宏观调控具有重大的指导意义。

第三章

用宏观调控九大理念解读《道德经》

第三章将从提炼自中国实践的宏观政策"三策合一"理论框架的视角，使用宏观调控九大理念解读《道德经》全书八十一章，在此过程中也会以《道德经》更好地理解宏观调控。第三章希冀使用宏观调控的主动性、刚柔并济功用性、目标明确问题导向性等积极思想，修补《道德经》过于强调柔弱守势的消极不足，以更好地推动中华优秀传统文化创造性转化和创新性发展。

第三章　用宏观调控九大理念解读《道德经》

一

道可道，非常道；名可名，非常名。无，名天地之始；有，名万物之母。故常无，欲以观其妙；常有，欲以观其徼。此两者，同出而异名，同谓之玄。玄之又玄，众妙之门。

解读：《道德经》首章文字深奥，立意深远。认为如果道理可以言道，那么就不是《道德经》所要探讨的特有概念之道（道可道，非常道）。道抽象而不可名状。正因为有了道的存在，无和有就不再是对立关系，无中可以生有，有则产生万物，丰富动态及演化。

该章所讨论的道、无、有等概念，对于宏观调控有借鉴意义。规则化宏观调控与市场机制两者并非对立关系，可以更好兼容从而发挥好两者作用，经济才能真正地健康运行和形成高水平良性循环。

二

天下皆知美之为美，斯恶已；皆知善之为善，斯不善已。有无相生，难易相成，长短相形，高下相盈，音声相和，前后相随。是以圣人处无为之事，行不言之教；万物作而不为始，生而不有，为而不恃，功成而弗居。夫唯弗居，是以不去。

解读："天下皆知美之为美，斯恶已；皆知善之为善，斯不善已。有无相生，难易相成，长短相形，高下相盈，音声相和，前后相随。"这蕴含着不要将宏观政策与市场运行对立起来。"是以圣人处无为之事，行不言之教；万物作而不为始（始为干涉之意）"，按照宏观调控理念八，以"三策合一"为核心的规则化宏观调控可以减少乱作为和不合理的微观干预。"生而不有，为而不恃，功成而弗居。夫唯弗居，是以不去"，按照宏观调控理念一，宏观调控最终目的是为了人民幸福，因此，宏观政策无须居功、恃功。有时还需要按照宏观调控理念六，政策空间管理有利于提升宏观调控可持续性，实施宏观政策的退出机制以保证宏观调控可持续性。

三

不尚贤，使民不争；不贵难得之货，使民不为盗；不见可欲，使民心不乱。是以圣人之治，虚其心，实其腹，弱其志，强其骨。常使民无知无欲。使夫智者不敢为也。为无为，则无不治。

解读： 从字面上容易误解该章，尤其是"不尚贤""弱其志"等表述。其实该章并非愚民思想，而是倡导让经济按市场机制运行，这样宏观政策才能更容易规则化，以无为行有为之治。

有些发展中国家对要素市场和商品市场采取结构性扭曲操作，以获得快速的非平衡发展。这种模式在一定时期内尤其是经济起飞时期固然重要，但并非长治久安之道。不破除利率双轨制、金融空转、资本无序扩张、人力资本无流动性，就无法真正做强实体经济和真正提升宏观政策效率。而且，差异化的结构性操作会导致市场混乱，引起民众生活的幸福感缺失。按照宏观调控理念一，幸福并非所拥有的物品越多越好，也并非越奢侈越好。通过人为制造稀缺性和奢侈性，不会增加多少幸福感。通过管制市场的手段来获得管制的能力与结果，更不会增加多少幸福感。

四

道冲而用之或不盈。渊兮，似万物之宗。挫其锐，解其纷，和其光，同其尘，湛兮，似或存。吾不知谁之子，象帝之先。

解读： 冲，《说文》：盅，器虚也。该章指出道是万物起源，以及道绵绵不绝的功用。

宏观调控理念八，"规则化宏观调控＋市场机制"是最佳搭配，看似简单虚无缥缈，如同道，其作用也是无穷，其可持续性也是无穷。

五

天地不仁，以万物为刍狗，圣人不仁，以百姓为刍狗。天地之间，其犹橐籥乎！虚而不屈，动而愈出。多言数穷，不如守中。

解读："天地不仁，以万物为刍狗，圣人不仁，以百姓为刍狗。"按照宏观调控理念一，宏观调控最终目的是为了人民幸福。宏观调控者要善待全体人民，而且要不加选择。刍狗是古时祭祀时用草扎成的狗，祭祀结束就抛弃。不仁，以万物和百姓为刍狗，意指国家要无所偏爱。国家不只是关爱人民，而且是无偏地关爱每一位人民。国家要无所偏爱地对待每一位本国国民、每一家本国企业。无论出生在城市还是农村，都是本国国民，都应该一视同仁地享有大致相同的福利待遇。无论是国有企业，还是民营企业，只要能够解决就业、能够依法纳税、能够推动技术进步，都是好的企业，都应该一视同仁地加以扶持。

"天地之间，其犹橐籥乎！虚而不屈，动而愈出。多言数穷，不如守中。"天地之间就像风箱，空虚但不会穷竭，发动起来就不再停歇，政策过多就加速失败，还不如中正之道可以达到更好效果。按照宏观调控理念四和理念六，宏观政策规则化很重要，减少政策目标很重要，都有助于提升政策效率和增强政策可持续性。

六

谷神不死，是谓玄牝。玄牝之门，是谓天地根。绵绵若存，用之不勤。

解读：该章指出道的表象虚空幽微（谷）、变化莫测（神），道是万物起源（玄牝、天地根），而且作用可持续（不死、绵绵若存、用之不勤）。

按照宏观调控理念八，经济政策应该采取柔性定位，即"规则化宏观调控＋市场机制"，而不是刚强定位过于干预以至于破坏经济自身运行规律与机理。按照宏观调控理念六，柔性定位的宏观政策的政策空间更好、政策可持续性更好，理想情形下还有可能拥有无限或近乎无限的政策空间。例如，在宏观政策"三策合一"框架下，增长政策和结构政策既可以提升潜在增速，也可以提高调控效率，因而通过扩张性货币政策和财政政策在提高 M2/GDP 和债务/GDP 的分子的同时，可以更大幅度地提升这两个比例的分母，从而控制住这两个比例的上升，扩大以这两个比例度量的财政政策和货币政策的空间。

七

天长地久。天地所以能长且久者，以其不自生，故能长生。是以圣人后其身而身先；外其身而身存。非以其无私邪？故能成其私。

解读：该章着重讨论了国家利益如何实现天长地久。传统宏观理论所建议的最优分配只限于将国家利益与民众利益的蛋糕总和进行优化分配，即使提及做大蛋糕也会因经济运行受到潜在增长约束而难以实现。传统宏观理论更是无法回答国家与人民两大主体之间利益分配的因果逻辑关系。

借鉴《道德经》，可以给出与传统理论不同的新思路与答案。国家利益要把人民利益放在首要位置，这符合宏观调控理念一。而且，正是因为以人民为中心，才能实现国家利益。"非以其无私邪？故能成其私"，并非国家没有利益，而是只有以人民为中心才能成就国家利益。

该章对于宏观政策的空间管理也有很好的启示。国家以人民为中心，以人民幸福为宏观调控最终目的，宏观调控空间会因为政策实施反而得以存在甚至扩张，这一点符合宏观调控理念六。

八

上善若水。水善利万物而不争，处众人之所恶，故几于道。居善地，心善渊，与善仁，言善信，政善治，事善能，动善时。夫唯不争，故无尤。

解读：宏观调控最终目的是提升民众福利，国家因此不能与民争利，宏观调控不能与市场争长短，这是处理好政府与市场关系的基本前提。"上善若水。水善利万物而不争，处众人之所恶，故几于道。"凡是市场和民众能够做的、愿意做的，就应让市场发挥作用。凡是市场和民众不能做的、不愿意做的，出现了市场失灵，国家就应该发挥作用和承担起责任来。例如，基础研究、高铁等投资巨大的基础设施，经济收益远小于社会收益，只能由国家来实施。该章有助于理解、坚持宏观调控理念一和理念八。

正因为做到了"水善利万物而不争"的基本出发点和坚持以人民为中心的基本定位，各项工作才能顺利开展，不易有错。即"居善地，心善渊，与善仁，言善信，政善治，事善能，动善时。夫唯不争，故无尤"，若非如此，各事都要做到令人满意，谈何容易。

九

持而盈之，不如其已；揣而锐之，不可长保。金玉满堂，莫之能守。富贵而骄，自遗其咎。功遂身退，天之道也。

解读：该章认为做人做事都要知足、知止、知退。

国家治理需要借鉴该章思想。该章符合宏观调控理念六的基本思路。宏观政策退出机制是指当金融危机已经结束或快要结束时，应该取消应对危机所采取的扩张性货币政策和财政政策。量化宽松货币政策等非常规政策因其暂时性、激烈性等特点，更是应该有退出机制。

首先，应对危机或经济不稳定的宏观政策是有代价的，因而需要退出机制。这与应对生病吃的药都有副作用是同样道理，长期使用药物，副作用积聚。这就是该章所讲的"揣而锐之，不可长保"。比如，按照货币数量论，货币政策的长期化使用会产生与政策力度相匹配的通货膨胀。诺贝尔经济学奖获得者弗里德曼的名言"通货膨胀在任何时候和任何地方都是货币现象"站在长期视角来看是正确的，这已经是学术界和政策界的共识了。此外，在危机后期的新时点，保留应对危机而出台的宏观政策的政策收益已经显著小于政策代价了，在此情况下，更是有必要"功遂身退"。

其次，宏观政策退出机制有助于加强宏观调控的空间管理。空间管理很重要，有助于保持政策可持续性，使得政策能够保持一定的力度以实现政策目标。

十

载营魄抱一，能无离乎？涤除玄览，能无疵乎？专气致柔，能如婴儿乎？天门开阖，能如雌乎？明白四达，能无知乎？爱民治国，能无为乎？

解读：人的物理身体和精神生活需要合一，否则会精神分裂。修身，需要"如婴儿"般柔弱。治国，不必过于干预而无为胜有为。符合宏观调控理念八。

十一

三十辐，共一毂，当其无，有车之用。埏埴以为器，当其无，有器之用。凿户牖以为室，当其无，有室之用。故有之以为利，无之以为用。

解读："有"和"无"都有价值，不要将两者对立起来，不要轻易抛弃"无"的作用。《道德经》多处论述的这一深刻思想，对于宏观政策理论研究与政策实践很有启发。宏观政策的相机调控，具有"有"的特征，是具有价值的。市场机制和基于规则的宏观调控，具有"无"的特征，也是有价值的。宏观调控理念四和理念八与《道德经》核心思想具有内在一致性。

该章与《道德经》第二十七章对于要素市场管理也有很好的借鉴意义。第二十七章说："是以圣人常善救人，故无弃人；常善救物，故无弃物。是谓袭明。故善人者，不善人之师；不善人者，善人之资。不贵其师，不爱其资，虽智大迷，是谓要妙。"无论是有才能之人还是才能不足之人，无论是有价值之物还是价值不足之物，都需要善于利用和发挥作用。这样才能做到人尽其才、物尽其力，才能践行高质量发展，才能实现宏观调控理念一。这一点尤其值得反思。

十二

五色令人目盲；五音令人耳聋；五味令人口爽；驰骋畋猎，令人心发狂；难得之货，令人行妨。是以圣人为腹不为目，故去彼取此。

解读：该章描述了幸福的真谛。主流宏观理论用GDP度量幸福，但是GDP遗漏了闲暇、污染、不平等等与幸福密切相关的重要因素，难以准确抓住幸福的真谛。幸福并非消费品和服务数量充沛、品质优良，也并非越奢侈越好。有时还恰恰相反，过度消费尤其是奢侈性消费并不使人幸福。有鉴于此，应该倡导"为腹不为目"，追求内在的实际幸福生活（腹），而不是外在的物欲（目）。有鉴于此，按照该章和宏观调控理念一，应该尽量杜绝某些地方政府所热衷的形象工程。这些耗资巨大的形象工程除了导致地方债务激增外，基本无益于当地人民幸福感的真实增加。

十三

宠辱若惊，贵大患若身。何谓宠辱若惊？宠为下，得之若惊，失之若惊，是谓宠辱若惊。何谓贵大患若身？吾所以有大患者，为吾有身，及吾无身，吾有何患？故贵以身为天下，若可寄天下；爱以身为天下，若可托天下。

解读：该章认为，对于身体之外的荣辱，要做到波澜不惊，不要患得患失；对于自身身体，要如同大患般高度重视，要自重、自爱。国家治理也要做到"贵大患若身"。这也是落实宏观调控理念一的重要方法。连自身都不珍惜，又怎么会珍惜他人和天下？因此，"故贵以身为天下，若可寄天下；爱以身为天下，若可托天下"。按照宏观调控理念五，宏观政策制定者加强道德修养和养成声誉，有助于增强政策可信度，进而有助于提升预期管理和宏观调控的效率。

十四

视之不见，名曰"夷"；听之不闻，名曰"希"；搏之不得，名曰"微"。此三者不可致诘，故混而为一。其上不皦，其下不昧。绳绳兮不可名，复归于无物。是谓无状之状，无物之象，是谓惚恍。迎之不见其首；随之不见其后。执古之道，以御今之有。能知古始，是谓道纪。

解读：该章描述了道的形态幽微、看不见、听不到、摸不着，但认为若掌握作为万物起源的道，就可以解决当下的问题。

市场机制如同亚当·斯密所说的"看不见的手"，虽然"绳绳兮不可名，复归于无物。是谓无状之状，无物之象，是谓惚恍""迎之不见其首；随之不见其后"，但是可以起到帮助经济健康成长的重要作用。预期管理和逆周期调节等规则化宏观调控也同样如此，不显山露水，但可以发挥宏观调控的关键作用。因此，认识市场和宏观政策之所以起作用的战略性规律，而不是简单地通过实证研究来寻找规律，可以驾驭和解决当前的各种难题，即"执古之道，以御今之有。能知古始，是谓道纪"。

十五

古之善为士者，微妙玄通，深不可识。夫唯不可识，故强为之容：豫兮若冬涉川；犹兮若畏四邻；俨兮其若客；涣兮其若释；敦兮其若朴；旷兮其若谷；混兮其若浊；孰能浊以静之徐清；孰能安以动之徐生。保此道者，不欲盈。夫唯不盈，故能蔽而新成。

解读：该章前半段刻画了悟道之士的言行举止，这对于宏观调控者有参考价值。宏观调控者内在应该有慎重的道德修养，外在应该有可亲的言行，这有助于预期管理和增强政策可信度。

该章后半段则强调了万物的动态演化性和改革创新的自觉性，这符合宏观调控理念九。从历史长河来看，人类社会从农业经济到工业经济，然后到以信息技术为核心的现代工业经济，再到现在已有一定萌芽迹象、未来还将持续的人工智能与数字经济，每一步大幅跨越，经济形态、经济结构和经济模式都发生剧烈变化，经济治理体系尤其是宏观政策体系当然也需要相应进行调整与创新，否则调控效率会大幅下降。从以年为单位的中期经济运行来看，金融创新的快速变化对宏观经济运行影响深刻，宏观政策也需要因此而创新。"保此道者，不欲盈。夫唯不盈，故能蔽而新成"，这再次充分说明，《道德经》并非倡导国家治理消极无为，而是反对乱作为和不当干预。

十六

致虚极，守静笃。万物并作，吾以观复。夫物芸芸，各复归其根。归根曰静，静曰复命。复命曰常，知常曰明。不知常，妄作凶。知常容，容乃公，公乃全，全乃天，天乃道，道乃久，没身不殆。

解读：该章分析道的规律性和不遵守规律的后患和后果（不知常，妄作凶），以及因遵守道而有德，进而得到长久获益（没身不殆）。

该章对于宏观调控有借鉴意义。宏观政策需要定位，并非消极无为，而是规则化的有为，即"致虚极，守静笃"。这是因为经济运行本身有规律和有恢复至动态化稳态的趋势，规则化宏观调控才不会破坏经济运行规律和趋势。宏观政策兼顾规则和相机调控的策略是有规则和有偏离规则的规则，这是宏观调控理念四的核心思想。

十七

太上，下知有之；其次，亲而誉之；其次，畏之；其次，侮之。信不足焉，有不信焉。悠兮其贵言。功成事遂，百姓皆谓："我自然。"

解读：该章原意在于讨论治理，对于宏观调控也有参考价值。最好的宏观调控只是让公众感受到存在，而不破坏经济自然运行，即"太上，下知有之"。当然，这是理想情形。次之的宏观政策可以让公众亲近并且赞誉，即"其次，亲而誉之"。第三等的宏观政策让公众畏惧，即"其次，畏之"。最末等的宏观政策被公众痛恨、辱骂，即"其次，侮之"。

有鉴于此，宏观政策不应该乱作为，而应该尽量规则化和有偏离规则的规则，这样才能实现"百姓皆谓：'我自然。'"。这也符合宏观调控理念八。此外，宏观政策应该加强预期管理。规则化宏观调控相比相机调控，不破坏经济自然运行，也就不破坏预期，从而可以更好地实施预期管理，这符合宏观调控理念五。

十八

大道废，有仁义；六亲不和，有孝慈；国家昏乱，有忠臣。

解读：有，体现之意。大道废，才能体现出仁义。六亲不和，才能体现出孝慈。国家昏乱，才能体现出忠臣。该章不是指为了体现出孝慈，就一定要制造家庭不和，而是指孝慈没有得到很好彰显，恰恰说明家庭和睦，忠臣没有得到很好彰显，恰恰说明朝政清明。因此，该章喻示了无为的价值。

对于宏观政策而言，公众没有感受到它的存在，这恰恰表明宏观政策已经实现了经济稳定和金融稳定的政策目标，以及全体人民共同幸福的最终目的。

十九

绝智弃辩，民利百倍；绝伪弃诈，民复孝慈；绝巧弃利，盗贼无有。此三者以为文，不足。故令有所属：见素抱朴，少私寡欲。

解读：该章认为狡辩、伪诈、巧利都是文饰而不足以治理国家（此三者以为文，不足），因此建议治理要化繁为简。按照该章的启示，宏观调控者要加强道德修养，宏观调控要增强规则性与预期管理。

宏观调控者的道德修养深刻影响公众行为与经济运行，"绝智弃辩，民利百倍；绝伪弃诈，民复孝慈；绝巧弃利，盗贼无有"，若存有这三个方面的问题，那么不足以有良好的宏观经济治理。

"绝智弃辩，民利百倍""见素抱朴，少私寡欲"，表明宏观调控的简洁明了与规则化有助于预期管理和提高调控效率。因此，除非不得已，宏观政策要尽量少用相机调控、少用非常规货币政策、少直接干预微观经济运行，而尽量多用规则化宏观调控。

二十

绝学无忧。唯之与阿，相去几何？美之与恶，相去若何？人之所畏，亦不可以不畏人。荒兮，其未央哉！众人熙熙，如享太牢，如春登台。我独泊兮，其未兆，如婴儿之未孩；儽儽兮，若无所归。众人皆有余，而我独若遗。我愚人之心也哉！沌沌兮！俗人昭昭，我独昏昏。俗人察察，我独闷闷。澹兮其若海，飂兮若无止。众人皆有以，而我独顽且鄙。我独异于人，而贵食母。

解读：该章描述了守道的治理者与世俗大众之间的外在差异。

该章的借鉴意义在于宏观调控者如何看待自己与民众福利。民众与宏观调控者两者表面上截然不同，但相去不远，"唯之与阿，相去几何？"推而论之，民众敬畏宏观调控者，而宏观调控者也要敬畏民众，"人之所畏，亦不可以不畏人"。敬畏的本质在于以人民利益为最高利益，这是宏观调控理念一的核心思想。正因为如此，民众幸福比宏观调控者幸福要更为重要："众人熙熙，如享太牢，如春登台。我独泊兮，其未兆，如婴儿之未孩；儽儽兮，若无所归。众人皆有余，而我独若遗。我愚人之心也哉！沌沌兮！俗人昭昭，我独昏昏。俗人察察，我独闷闷。"

二十一

孔德之容，惟道是从。道之为物，惟恍惟惚。惚兮恍兮，其中有象；恍兮惚兮，其中有物。窈兮冥兮，其中有精；其精甚真，其中有信。自今及古，其名不去，以阅众甫。吾何以知众甫之状哉！以此。

解读：孔，大。众甫，众父，以比喻道如母。该章认为德的样态惟道是从，并描述了道的幽微表象和精真本质，以及道作为万物起源的作用。

按照该章有道才能有德的逻辑，实行以人民为中心的宏观调控，规则化的约束比追求形式上的道德更为重要、更有实效。

二十二

曲则全，枉则直，洼则盈，敝则新，少则得，多则惑。是以圣人执一为天下式。不自见，故明；不自是，故彰；不自伐，故有功；不自矜，故能长。夫唯不争，故天下莫能与之争。古之所谓"曲则全"者，岂虚言哉！诚全而归之。

解读：该章分别展现了对立统一的辩证思维（曲则全，枉则直，洼则盈，敝则新，少则得，多则惑）、守势的作用、不争的力量。

该章对于宏观调控有指导意义。万事万物都有其最优状态，如果经济体的增速偏离潜在增速和潜在增速合理增速、宏观结构偏离最优经济结构，那么都将不利于经济健康发展。通常而言，经济运行本身有规律和有恢复至动态化稳态的趋势。但也有例外，市场失灵和结构固化就是两种破坏市场自动出清的机制。市场失灵需要作为宏观政策的稳定政策才能逆周期调节，结构固化更是需要作为宏观政策的结构政策才能加以纠偏。在宏观政策"三策合一"框架下，规则化宏观调控不仅不会破坏经济运行规律和趋势（是以圣人执一为天下式），更是有助于经济运行恢复至均衡与最优状态。正因如此，宏观政策才能实现政策目标且深获人心："不自见，故明；不自是，故彰；不自伐，故有功；不自矜，故能长。夫唯不争，故天下莫能与之争。"该章符合宏观调控理念四。

二十三

希言自然。故飘风不终朝，骤雨不终日。孰为此者？天地。天地尚不能久，而况于人乎？故从事于道者，同于道；德者，同于德；失者，同于失。同于德者，道亦德之；同于失者，道亦失之。信不足焉，有不信焉。

解读：该章提倡治理不能乱作为（希言自然），因为乱作为不可持续（故飘风不终朝，骤雨不终日）。那么，治理如何才能避免乱作为？该章的答案是要有道、有德（故从事于道者，同于道；德者，同于德；失者，同于失。同于德者，道亦德之；同于失者，道亦失之）。

依照该章思想，宏观调控需要减少干预，如此方能使经济自然运行，增长率处于潜在增长，失业率处于自然失业率，即"希言自然"。连天地都无法做到持续性产生暴风骤雨，那么由人实施的宏观治理也难以维持强刺激。如同宏观调控理念六所建议的，宏观政策着眼于实现政策效果和政策目标，进而实现人民幸福的最终目的，力度设定不能走极端，尤其不能持续过强，否则将会透支未来政策空间，不利于政策连续性。

按照规则进行宏观经济治理，这就是合乎道的："故从事于道者，同于道"。更重要的是，由于德与道的不可分性，德会深刻影响道。以诚信为例，如果宏观调控者诚信不足，那么公众也就不会信任宏观调控。政策可信度是政策透明度和前瞻性指引等预期管理的前提与基础。因此，加强宏观调控者的道德修养，有助于加强预期管理和提高宏观调控的效率。该章符合宏观调控理念四和理念五。

二十四

企者不立；跨者不行；自见者不明；自是者不彰；自伐者无功；自矜者不长。其在道也，曰：余食赘形。物或恶之，故有道者不处。

解读：该章认为轻浮急躁的走路方式，是站不稳的、走不远的（企者不立；跨者不行），轻浮急躁的做事风格，容易无功而返，难以被人接受。该章因而建议有道之人要如同对待遭人讨厌的剩饭剩菜和多余肿瘤一样，要戒急戒躁，要行清净之道（其在道也，曰：余食赘形。物或恶之，故有道者不处）。

使用宏观政策是为了应对经济萧条和经济危机。如果经济萧条与经济危机经常发生，那么说明经济运行的机制体制存在深层次问题，这不是宏观政策所能够解决的，而必须使用改革办法来加以应对。以此推论，经济萧条与经济危机不常有，宏观政策也就不能常态化使用。频繁使用宏观政策来应对更不值得夸耀，即"自见者不明；自是者不彰；自伐者无功"，否则，宏观经济必定难以行稳致远，宏观政策必定遭人厌恶。

二十五

有物混成，先天地生。寂兮寥兮，独立不改，周行而不殆，可以为天下母。吾不知其名，强字之曰"道"，强为之名曰"大"。大曰逝，逝曰远，远曰反。故道大，天大，地大，人亦大。域中有四大，而人居其一焉。人法地，地法天，天法道，道法自然。

解读："道"在《道德经》中具有三种不同含义：描述万物根源的道体、总结规律的规则、约束行为的道德。三者相互呼应，三位一体。该章所提到的"道"为万物根源，"先天地生"，又表明"道"是有规律的，尤其是有恢复至均衡的特性，这如同经济学中的稳态："周行而不殆"、"远曰反"。

对于宏观调控，该章暗含了两个重要启示。一是人的重要性。"故道大，天大，地大，人亦大。域中有四大，而人居其一焉。"将人与道、天、地并列为四大，足以表明人的极度重要性。这也与宏观调控理念一相一致。二是规则的重要性。道的根本遵循是"道法自然"，这与宏观调控理念八相一致，市场有效时就要让经济处于自然运行，而市场失灵时就要使用规则化宏观调控帮助经济恢复至自然运行。

二十六

重为轻根，静为躁君。是以君子终日行不离辎重。虽有荣观，燕处超然。奈何万乘之主，而以身轻天下？轻则失根，躁则失君。

解读：稳重沉静才能主宰轻浮急躁。政策制定者行为轻佻不稳重，所出台的宏观政策就容易轻率，也就容易加大经济体的不稳定性。对于宏观政策而言，宏观政策制定者的修为要稳重，不能"以身轻天下"，如此方能取信于民，增强政策可信度，从而提升预期管理和宏观调控的效率。该章对于宏观调控理念五有借鉴意义。

二十七

善行无辙迹；善言无瑕谪；善数不用筹策；善闭无关楗而不可开；善结无绳约而不可解。是以圣人常善救人，故无弃人；常善救物，故无弃物。是谓袭明。故善人者，不善人之师；不善人者，善人之资。不贵其师，不爱其资，虽智大迷，是谓要妙。

解读：该章蕴含结果导向和目标导向智慧，以及资源充分利用思想。善于做事、做成事、有成效、无痕迹、也无错（善行无辙迹；善言无瑕谪）。更重要的是，善于做事，不必新增资源，而只是充分利用已有存量资源（善闭无关楗而不可开；善结无绳约而不可解）。宏观政策制定者方能做到人尽其才、物尽其力（是以圣人常善救人，故无弃人；常善救物，故无弃物。是谓袭明）。

该章不流于说教，还以人力资源为例进行生动阐述。无论是有才能之人，还是才能不足之人，都同样是有价值的，关键就在于如何正确使用："故善人者，不善人之师；不善人者，善人之资。不贵其师，不爱其资，虽智大迷，是谓要妙。"相比之下，以价格理论作为基础的传统经济学，将"不善人者"的价值定价很低。这既是对人力资源的浪费，也是对人的社会属性的否定，从而根本性地损害人类幸福感。这是西方社会贫富差距不断扩大、机器与人工智能对中低收入群体替代不断增强的重要根源。

该章与宏观调控理念一、资源最佳配置与经济增长、结构政策等宏观治理理论与实践密切相关。

二十八

知其雄，守其雌，为天下溪。为天下溪，常德不离，复归于婴儿。知其白，守其辱，为天下谷。为天下谷，常德乃足，复归于朴。朴散则为器，圣人用之，则为官长，故大制不割。

解读：该章认为以不争为核心的德并非虚幻空言，而是要以有道为前提。该章还论述了系统性的治理之道的重要性（故大制不割）。

宏观政策如同对症的药物，具有治病效力，也伴随有代价。宏观政策需要"知其雄，守其雌，为天下溪"。规则与定位，作为天下所遵守的蹊径，恒常的德行就不会离开。道的三种含义，描述万物根源的道体、总结规律的规则、约束行为的道德，在此浑然一体。该章的守并非退缩，而是在雌雄之间处于不争、不乱为的有所作为的最佳定位。对于宏观政策，则是需要守住规则化宏观调控雌的定位。

真朴的道分散而滋养形成万物，宏观政策制定者使用道而非器才能成为调控者（朴散则为器，圣人用之，则为官长）。宏观调控应该是完整连续的、系统性的、逻辑一致的（故大制不割）。该章的思想值得借鉴。现实中，由于各种外生冲击随机而相关性有时不高，因而容易出现应对冲击的宏观政策措施层出不穷，宏观政策缺乏整体逻辑，缺乏连续性和稳定性。该章的核心思想符合宏观调控理念二、理念三、理念四。

二十九

将欲取天下而为之，吾见其不得已。天下神器，不可为也，不可执也。为者败之，执者失之。故物或行或随；或嘘或吹；或强或羸；或培或堕。是以圣人去甚，去奢，去泰。

解读：该章论述国家治理不能乱作为，需要考虑民众与事物的差异性，因而国家治理不能走极端。

该章对于宏观调控有借鉴价值。国家强行实施宏观调控是不可行的，"将欲取天下而为之，吾见其不得已"。人民就是江山，江山就是人民。天下的人民群众是神圣的，强行治理，必招失败："天下神器，不可为也，不可执也。为者败之，执者失之。"按照宏观调控理念一，宏观经济治理要怀有人民至上的敬畏之心。

该章给不能强制推行治理和宏观调控提供了一个重要论点,那就是人与人之间存在事实上的差异性。人与人差异具体表现在:性格有差异,"故物或行或随;或嘘或吹";能力有差异,"或强或羸";自我审视有差异,有人自我培养和自爱,有人自我堕落,"或培或堕"。该章因而建议国家治理政策不能走极端,"是以圣人去甚,去奢,去泰"。

宏观调控政策主观上不走极端相对容易,难的是宏观调控政策会因为存在客观认知不足而走极端。以货币政策为例,人与人之间的贫富差距难以避免。从超长期的历史长河来看,人类社会的贫富差距随着技术进步在不断扩大,而且近四百年的扩大趋势还在加速。在这一大背景下,通货膨胀也会恶化贫富差距。富人的资产规模比穷人要更大、恩格尔系数要更低。在通胀期间,富人比穷人具有更好的资产保值增值能力,从而贫富差距会继续扩大。传统宏观理论认为宏观调控主要靠货币政策,而货币政策是总量性政策。治理通货膨胀的货币政策主要钉住"平均人"的福利状况,而不是有差异性的全体人的福利状况。这就会出现个别的特殊群体,比如低收入群体,在"正常合理"的货币政策之下会出现福利严重受损的问题。因此,在宏观政策"三策合一"框架下,货币需要吸收《道德经》该章思想制定出不走极端、让各群体利益得到合理兼顾的政策措施。

三十

以道佐人主者,不以兵强天下。其事好还。师之所处,荆棘生焉。大军之后,必有凶年。善有果而已,不敢以取强。果而勿矜,果而勿伐,果而勿骄,果而不得已,果而勿强。物壮则老,是谓不道,不道早已。

解读:该章认为国家治理有道可以免于战祸,无道则战火纷飞、民不聊生。有道的关键在于要做到结果导向、目标导向,不能乱作为、强行

第三章 用宏观调控九大理念解读《道德经》

作为。

该章对于宏观调控有借鉴意义。宏观调控如同吃药，也如同用兵，要实现既定目标，也要控制代价。有道的宏观政策制定者不会强行采取不顾实际的强力宏观经济治理："以道佐人主者，不以兵强天下。"强行用兵，其后果很快就会显现："其事好还。师之所处，荆棘生焉。大军之后，必有凶年。"强行使用无规则的强力宏观政策也同样如此，超过合意水平的过量货币投放虽然在短期内会促进经济增长，但在长期内无益于经济增长，而且还会导致通货膨胀、加大贫富差距和扭曲经济结构。

善于使用宏观政策如同用兵，要以达到政策效果为遵循，而不可强用。正因为如此，道德是评价政策效果和宏观调控者行动的价值标准："果而勿矜，果而勿伐，果而勿骄，果而不得已，果而勿强。"该章还进一步给出了"善有果而已"的理由，即不合道容易早衰，"物壮则老，是谓不道，不道早已"。宏观政策也是如此，无规则的、过强的宏观政策会过快损耗政策空间而影响政策可持续性。

该章符合宏观调控理念一、理念六和理念八。

三十一

夫兵者，不祥之器，物或恶之，故有道者不处。君子居则贵左，用兵则贵右。兵者不祥之器，非君子之器，不得已而用之，恬淡为上。胜而不美，而美之者，是乐杀人。夫乐杀人者，则不可得志于天下矣。吉事尚左，凶事尚右。偏将军居左，上将军居右。言以丧礼处之。杀人之众，以悲哀泣之，战胜以丧礼处之。

解读： 该章接着上一章继续讨论用兵这个重要的国家治理特殊事项，对于宏观调控具有参考价值。

"兵者不祥之器，非君子之器，不得已而用之，恬淡为上。"宏观调控亦是如此。一场成功的宏观调控，其成绩固然不容否定，但务必看到成绩的背后其实是经历了经济与金融的不稳定，甚至是经济金融危机，万千家庭遭遇了不幸的失业困境。

"胜而不美，而美之者，是乐杀人。夫乐杀人者，则不可得志于天下矣。"由此，宏观调控者不要夸耀宏观调控，更不能以调控为乐，否则难以获得民众的衷心拥戴，"则不可得志于天下矣"。该章符合宏观调控理念一，再次呈现了宏观调控之道和宏观调控者之德两者的统一性。

三十二

道常无名、朴。虽小，天下莫能臣。侯王若能守之，万物将自宾。天地相合，以降甘露，民莫之令而自均。始制有名，名亦既有，夫亦将知止，知止可以不殆。譬道之在天下，犹川谷之于江海。

解读：该章指出道看似弱小，其实治理能力强大（侯王若能守之，万物将自宾）；而且，合理之道所繁衍滋养的万物具有结构上的均匀性（民莫之令而自均）。因此伴随着道驱动万物演化而成的"名"与"制度"应该有度知止，才不会产生危害（夫亦将知止，知止可以不殆）。

该章对于宏观调控的定位、结构性、规则性有很好的借鉴意义。逆周期、跨周期和泰勒规则等宏观政策规则简单明了，能够有效调控宏观经济（道常无名、朴。虽小，天下莫能臣）。政策制定者如能遵从政策规则，那么宏观经济运行将自行宾服于政策规则，即"侯王若能守之，万物将自宾"。在均衡中，总供给和总需求两者相等，家庭部门和企业部门分别实现效用最大化和利润最大化，而且幸福和利润将得到合理分配，即"天地相合，以降甘露，民莫之令而自均"。

宏观调控规则如同道，以简洁为好。随着经济运行不断演进，相应制度不断产生、不断加码，因此各种制度应该适度知止，"始制有名，名亦既有，夫亦将知止，知止可以不殆"。现实中，有时会出现政策目标过多，不得已采用各种五花八门的政策措施的情况，不但效果不好，还会使货币政策、财政政策等常规政策工具在各种目标之间进退两难。

该章与宏观调控理念二、理念四、理念八相一致。

三十三

知人者智，自知者明。胜人者有力，自胜者强。知足者富。勤行者有志，不失其所者久，死而不亡者寿。

解读：该章认为治理者要有自知之明、自胜之强，要知足、勤行，要有长久之基。该章探讨德，没有提到道，但蕴含了关于道的具体方面。

该章对于宏观调控者道德修养和宏观调控方法论有借鉴价值。知人、胜人重要，但自知、自胜更为重要，"知人者智，自知者明。胜人者有力，自胜者强"。每一个人的最大敌人并不是他的竞争者，更不是上级领导，而是懒散的、充满私欲的自己。挑战自我而自胜，可以成就更好的自己。宏观调控也是如此。宏观政策制定者需要了解经济运行的宏观表现与微观基础，各国央行都建立了强大的研究团队，拥有详细的数据库和模型库，这是有必要的。然而，更为重要的是，宏观调控者要认识到宏观调控本身并非万能，还有使用成本。因此，政策制定者有自知之明，能战胜自我膨胀的私欲，更是非常有必要。如此方能保证宏观政策的连续性与稳定性。

三十四

大道泛兮，其可左右。万物恃之以生而不辞，功成而不有。衣养万物而不为主，可名于小；万物归焉而不为主，可名为大。以其终不自为大，故能成其大。

解读：该章指出道具有滋养万物的强大作用（万物恃之以生而不辞；

衣养万物而不为主；万物归焉而不为主），并分析道是因为德才具有这种强大治理能力（以其终不自为大，故能成其大）。该章再次体现了道的万物起源、规律性、道德情操三重属性。

该章值得宏观调控借鉴。宏观调控平抑经济非合意波动，助力经济健康运行，却不主宰经济，更不会抑制经济活力。宏观调控具有主动性（如此才能有前瞻性）、有为性（但不乱作为）、主导性、规则性、有退出机制与谦抑性等特点，与道的内涵相一致。

三十五

执大象，天下往。往而不害，安平太。乐与饵，过客止。道之出口，淡乎其无味，视之不足见，听之不足闻，用之不足既。

解读： 该章指出道虽然具备强大的治理能力和良好的治理效果（执大象，天下往。往而不害，安平太），但其表象幽微柔弱（道之出口，淡乎其无味，视之不足见，听之不足闻，用之不足既）。

实施规则化宏观调控可以调控经济，"执大象，天下往"，而且将对经济的伤害降到最低，"往而不害，安平太"。规则化宏观调控因其规则性特点，在实现政策目标的情况下并不显山露水，"道之出口，淡乎其无味，视之不足见，听之不足闻"。然而，规则化宏观调控也会包含退出机制，有助于节省政策空间，宏观政策因此可以实现"用之不足既"的宏观政策无限可持续的理想状态。该章与宏观调控理念六和理念八相一致。

三十六

将欲歙之，必固张之；将欲弱之，必固强之；将欲废之，必固举之；将欲取之，必固与之，是谓微明。柔弱胜刚强。鱼不可脱于渊，国之利器不可以示人。

解读：该章认为事物过于刚强必被逆向削弱（将欲歙之，必固张之；将欲弱之，必固强之；将欲废之，必固举之；将欲取之，必固与之，是谓微明），因而建议治理要"柔弱胜刚强"。

该章有助于理解宏观调控的定位。过于张开就会收合，过于强盛就会削弱，过于兴盛就会废除，过于给予就会夺取，这就是细微的征兆。宏观调控也是如此。经济增速在短期内过于偏离了潜在增速，在长期中过于偏离潜在增速的合理增速，经济结构过于偏离了最优结构，都会不利于经济健康发展，因而需要使用稳定政策、增长政策和结构政策等三大宏观政策进行干预以使得经济恢复到合意增长路径。

过强会招致削弱，即"柔弱胜刚强"。就像原本自由存活的鱼儿为展示自我跳出湖渊就会被人所制服而不可活，宏观调控作为具有威力的国家利器，也不能随意展示。需要注意，该章提出了"柔弱胜刚强"，但也提到了存有"国之利器"，只是不要随意展示，因此该章虽倡导柔弱，但并没有否定刚强。基于此，《道德经》所倡导的柔弱可更好地重新解读为刚柔并济、内刚外柔下的柔弱。

三十七

道常无为而无不为。侯王若能守之，万物将自化。化而欲作，吾将镇之以无名之朴。无名之朴，夫亦将不欲。不欲以静，天下将自正。

解读：该章讨论了万物的演化性以及治理者用道进行治理（化而欲作，吾将镇之以无名之朴），万物将恢复均衡与秩序（无名之朴，夫亦将不欲。不欲以静，天下将自正）。

该章对道的定位与作用的阐述可以用来指导宏观调控。该章与宏观调控理念八相一致。因价格黏性、结构黏性等市场失灵，政府有必要采用宏观调控政策以应对外生冲击。宏观调控稳定经济金融作用虽然强大，但定位于不乱干预,即"道常无为而无不为"。规则化宏观调控在保持其强大作用的前提下,可以更好地符合这一定位。而且,规则化宏观调控并非要经济体活力降至归零,而是让经济体仍然保持自我演化和繁衍成长,"侯王若能守之,万物将自化"。

经济体自我演化有时会偏离合意路径,产生不稳定性和破坏均衡,即"化而欲作"。对此,需要采取规则来实施宏观调控(吾将镇之以无名之朴)。采用规则化宏观调控,经济运行不会无序扩张,宏观政策不会乱干预,两者都会合理、健康、动态发展(无名之朴,夫亦将不欲。不欲以静,天下将自正)。

三十八

上德不德,是以有德;下德不失德,是以无德。上德无为而无以为;上仁为之而无以为;上义为之而有以为。上礼为之而莫之应,则攘臂而扔之。故失道而后德,失德而后仁,失仁而后义,失义而后礼。夫礼者,忠信之薄,而乱之首。前识者,道之华,而愚之始。是以大丈夫处其厚不居其薄;处其实,不居其华。故去彼取此。

解读:该章认为上德的人不德其德,才是真正有德之人。下德的人刻意追求德,所以达不到德的境界。失去道就会失去德,失去德就会失去仁,失去仁就会失去义,失去义就会失去礼。德、仁、义、礼分为四个层次:"无为而无以为""为之而无以为""为之而有以为""为之而莫之应,则攘臂而扔之"。《道德经》认为,礼所代表的各种虚华规章是忠信衰败的表现和社会动荡的祸首。

该章重申了道对于国家治理的重要性,这对于规则化宏观调控具有借鉴意义。宏观调控者的道德修养对于制定合理的、有利于人民幸福的宏观政策至关重要。但是,德分上下,具体如何区分真实的德和形式的德呢?

按照该章的启示，回答这一问题的关键在于要有道，即采用规则化宏观调控，做到简洁明了、去除虚华，经济与社会才能健康平稳而不乱。

三十九

昔之得一者：天得一以清；地得一以宁；神得一以灵；谷得一以盈；万物得一以生；侯王得一以为天下正。其致之也，谓天无以清，将恐裂；地无以宁，将恐废；神无以灵，将恐歇；谷无以盈，将恐竭；万物无以生，将恐灭；侯王无以正，将恐蹶。故贵以贱为本，高以下为基。是以侯王自称孤、寡、不榖。此非以贱为本邪？非乎？故至誉无誉。是故不欲琭琭如玉，珞珞如石。

解读：该章再次论述道三重含义的统一性。"一"在这里，既代表描述万物起源的道，也代表宏观调控的规则。该章前半段论述了道的前两个含义的重要性，其为天地长生、万物繁荣、国家治理有序的关键："天得一以清；地得一以宁；神得一以灵；谷得一以盈；万物得一以生；侯王得一以为天下正。"

该章后半段则论述了道的第三重含义，即德。完善的宏观调控除了需要规则化宏观调控之外，还需要宏观调控政策制定者坚守道德情操。通常大家都把道德当作一种约束，然而，《道德经》给出了一种更高境界的解释。道德，以谦虚为外在表现，"自称孤、寡、不榖"，其内在实质则是以人民为中心，这也是宏观政策所要实现的最终目的。宏观经济学表明，道德有助于加强预期管理和减少相机调控的动态不一致性，从而提高调控效率和改善调控效果。因此，宏观调控者在人民面前谦虚（以贱为本），并非做作的政治表演，而是因为实现以人民为中心的最终政策目的是最高美誉（故至誉无誉）。

四十

反者道之动；弱者道之用。天下万物生于有，有生于无。

解读：该章认为道的运动具有循环反复的特征（反者道之动）、道的作用具有温软柔弱的特点而无压迫感（弱者道之用），道生成万物，是万物的起源（弱者道之用）。

该章对宏观调控有深刻启示。其一，道的运动，是动态的、循环的。这一特征与经济运行和宏观调控基本特征相吻合。正常情况下，微观经济在均衡点附近波动，宏观经济在平衡增长路径上波动发展。除非犯有颠覆性错误，现实中不会出现趋于零或者趋于无限的资本积累与经济增长。其二，道的作用，柔弱胜刚强。规则化宏观调控，看上去依规操作，没有意外的相机调控所伴随的雷霆万钧之感，但其因有效的预期管理而政策效率很高。其三，道是万物起源。道定位柔弱，但作用有力，万物得以繁荣。

四十一

上士闻道，勤而行之；中士闻道，若存若亡；下士闻道，大笑之。不笑不足以为道。故建言有之：明道若昧；进道若退；夷道若颣；上德若谷；大白若辱；广德若不足；建德若偷；质真若渝；大方无隅；大器晚成；大音希声；大象无形；道隐无名。夫唯道，善贷且成。

解读：该章形象地描述了道的柔弱幽微表象和道的巨大作用，前者如"大方无隅；大器晚成；大音希声；大象无形"，后者如"夫唯道，善贷且成"。道之所以具备看似矛盾的两种特质，关键在于道的规则化特征。

该章对于宏观调控有借鉴意义。宏观调控之所以善于帮助家庭、企业和金融机构等行为主体完成宏观调控目标，关键也是在于采取规则化宏观调控以明确调控预期和提升调控效率。

另外，该章对于宏观经济学创新理论的提出也有参考价值。人类发展

第三章　用宏观调控九大理念解读《道德经》

史上许多重大创新理论在刚提出时都会因本身不够完善、证据不够充分、被竞争理论发明人嫉妒等各种原因而不被理解，遭遇阻力甚至受到攻击。追求理论创新的学者应该谨记该章的提醒，"不笑不足以为道"，心胸豁达才能推广和成就新理论。

四十二

道生一，一生二，二生三，三生万物。万物负阴而抱阳，冲气以为和。[人之所恶，唯孤、寡、不穀，而王公以为称。故物或损之而益，或益之而损。人之所教，我亦教之。强梁者不得其死，吾将以为教父。]

解读：该章认为道是万物起源（道生一），万物运行是动态的和有规律的（一生二，二生三，三生万物），万物运行存在动态均衡（万物负阴而抱阳，冲气以为和）。

该章所描述的道与宏观经济运行机理、规则化宏观调控的理念和内涵是一致的。即使存在不确定外生冲击，在市场机制和规则化宏观调控的共同作用之下，经济也会在均衡处动态发展。参见宏观调控理念八。

四十三

天下之至柔，驰骋天下之至坚。无有入无间，吾是以知无为之有益。不言之教，无为之益，天下希及之。

解读：该章认为水虽然是世界上最柔软的东西，但可以滋润和柔化坚硬的大地（驰骋天下之至坚。无有入无间），由此得出无为有益的结论，并建议治理要减少乱作为（不言之教，无为之益，天下希及之）。

该章对于宏观调控的定位有借鉴意义。"不言之教，无为之益"并非不作为，而是以不乱作为和减少政府干预的方式来实现同样的甚至更好的宏观调控结果。

四十四

名与身孰亲？身与货孰多？得与亡孰病？甚爱必大费；多藏必厚亡。故知足不辱，知止不殆，可以长久。

解读：一旦将生命作为评价利益的重要参考标准，名声、物资和得利其实都不重要，过度追求这些身外之物会招致损害，"甚爱必大费；多藏必厚亡"。该章由此建议"知足不辱，知止不殆，可以长久"。

该章对于宏观调控有借鉴意义。过度追求不切实际的、超出潜在增速合理水平的过高经济增长，过度追求形象工程而导致大量非生产性无效投资，都会导致债务水平和货币水平非正常升高，政策空间大幅缩小，不利于宏观调控可持续性。反过来，过度追求超出合理水平的政策空间，比如过高的外汇储备，也会导致巨大的资源浪费。因此，宏观调控力度不是越大越好，政策空间也不是越大越好，如此才能做到"可以长久"。该章与宏观调控理念六相一致。

四十五

大成若缺，其用不弊。大盈若冲，其用不穷。大直若屈，大巧若拙，大辩若讷。躁胜寒，静胜热。清静为天下正。

解读：该章认为治理不必追求完美，因为有所不足的情况下仍然可以发挥不停歇、无穷尽的作用（大成若缺，其用不弊。大盈若冲，其用不穷。大直若屈，大巧若拙，大辩若讷）。该章建议治理"躁胜寒，静胜热。清静为天下正"，也即柔弱胜刚强之意。

该章对于经济运行和宏观调控有借鉴意义。政策所能实现的往往是一般均衡而不只是单个市场均衡，因而政策总是在实现次优意义下的最优而不是全局意义下的最优。稳定政策没有必要追求接近零的失业率，而是实现不会引发通胀的自然失业率即可。增长政策也没有必要追求超长期的超高速经济增长，而是实现资源禀赋可以承载的潜在增速合理水平即可。有鉴于此，宏观调控应该坚守柔弱而有为的定位。该章有助于理解宏观调控理念八。

四十六

天下有道，却走马以粪。天下无道，戎马生于郊。咎莫大于欲得；祸莫大于不知足。故知足之足，常足矣。

解读：该章认为国家治理如果有道、有规则，那么将国泰民安（天下有道，却走马以粪）；如果无道、无规则，那么定将兵荒马乱（天下无道，戎马生于郊）。该章还认为从道的角度来看，最大的祸患在于欲望过盛、不知足（咎莫大于欲得；祸莫大于不知足）。因此，治理之道要知足、治理者之德也要知足。

该章对于宏观调控有借鉴价值。宏观调控的众多规则之中，很重要的一条就是与均衡密切相关的知足。增长率要知足于潜在增速合理水平，失业率要知足于自然失业率，通胀率要知足于核心 CPI 的非加速通胀目标水平，金融稳定要知足于不引发系统性金融风险的阈值水平。不追求不切实际的超出合理水平的目标，宏观经济运行才能健康平稳。

四十七

不出户，知天下；不窥牖，见天道。其出弥远，其知弥少。是以圣人不行而知，不见而明，不为而成。

解读：该章分析治理者如何学道、得道，认为关键不在于从外部获取信息，而在于深刻内省（不出户，知天下；不窥牖，见天道），不在于认知越繁杂越好，而在于将复杂逻辑化繁为简和从第一性原理入手抓问题的本质（其出弥远，其知弥少）。国家治理者就能得道，就能实行善治（是以圣人不行而知，不见而明，不为而成)。

宏观调控颇具该章所分析的特质。凯恩斯主义宏观理论认为，不管经济衰退缘由如何，都可以通过扩张性财政政策来增加政府支出以乘数效应改善总需求。之后的宏观理论发展，不管是货币主义更加强调货币政策的作用，还是2008年国际金融危机之后宏观理论新共识更加强调货币财政政策协调，或是2020年全球新冠肺炎疫情冲击下中国宏观调控额外强调就业优先等新政策措施，宏观调控理论本质定位并没有变化，即兼顾不干预微观经济运行的无为和逆周期调节的有为。总的来说，采取通胀目标制的国家的宏观调控效果是不错的，这也说明宏观政策"不为而成"具有良好的实践基础。

四十八

为学日益，为道日损。损之又损，以至于无为。无为而无不为。取天下常以无事，及其有事，不足以取天下。

解读： 该章认为学习科学技术和哲学等客观知识，需要日积月累、越多越好（为学日益）。然而，治理之道则要尽量减少不当干预（为道日损。损之又损），直至达到"无为而无不为"的定位与最高境界。该章最后提示说，如果治理政策烦琐扰民就无法治理国家（取天下常以无事，及其有事，不足以取天下）。

该章与宏观调控理念有相通之处。以货币政策规则为例，泰勒于1993年提出了基于美国经济经验的著名货币政策规则，作为政策工具的最优实际利率缺口设定为0.5倍的通胀缺口与0.5倍的产出缺口之和，以实现对于通胀波动和产出波动的逆周期调节。后续学术研究建议在泰勒规则方程的右侧不断加入新的政策目标变量，比如汇率、房价、大宗商品价格等。按照计量经济学最小二乘法，加入的变量越多，新泰勒规则的拟合优度就越好，因此好模型其实可能是假象。由于更多政策目标导致宏观政策效率下降，货币政策规则不能追求过多的目标和过多的干预，有必要回归至合理的简洁形式。

四十九

圣人常无心，以百姓心为心。善者，吾善之；不善者，吾亦善之；德善。信者，吾信之；不信者，吾亦信之；德信。圣人在天下，歙歙焉，为天下浑其心，百姓皆注其耳目，圣人皆孩之。

解读：国家治理最终目的是为了人民幸福。该章声称国家没有自己的一贯利益，而是把人民利益与幸福当作自己的利益（圣人常无心，以百姓心为心）。善待人民容易成为空话，该章提倡没有主观成见和没有选择性地善待全体人民，即使是不善之人也要以善待之，即使是无诚信之人也要以诚待人（善者，吾善之；不善者，吾亦善之；德善。信者，吾信之；不信者，吾亦信之；德信）。该章还认为如同父亲没有必要过于苛刻地扼杀自己孩子的狡黠一样，国家治理没必要试图消除民众的狡黠机智（圣人在天下，歙歙焉，为天下浑其心，百姓皆注其耳目，圣人皆孩之）。国家（圣人）对百姓怀宽容之德，这也是善治之道。

该章有助于理解宏观调控理念一。国家不只是关爱人民，而且是无偏地关爱每一位人民。国家要无所偏爱地对待每一位国民、每一家企业。无论出生在城市，还是农村，都是本国国民，都应该一视同仁地享有大致相同的福利待遇。无论是国有企业，还是民营企业，只要能够解决就业、能够依法纳税、能够推动技术进步，都是好的企业，都应该一视同仁地加以扶持。

五十

出生入死。生之徒，十有三；死之徒，十有三；人之生生，动之于死地，亦十有三。夫何故？以其生生之厚。盖闻善摄生者，陆行不遇兕虎，入军不被甲兵；兕无所投其角，虎无所用其爪，兵无所容其刃。夫何故？以其无死地。

解读：该章借人养生长寿之术，喻国家治理长治久安之道。该章认为人可以分为三类：长寿者（生之徒，十有三）、短寿者（死之徒，十有三）、养生过度营养过剩而自我折腾导致短寿者（人之生生，动之于死地，亦十有三。夫何故？以其生生之厚）。既然养生过度（生生之厚）不利于长寿，那么如何做是好呢？该章建议善于养生的关键在于去除病灶（盖闻善摄生者，陆行不遇兕虎，入军不被甲兵；兕无所投其角，虎无所用其爪，兵无所容其刃。夫何故？以其无死地）。

该章的养生之道与国家治理之道，对于国家宏观经济健康持续发展也有借鉴意义。人与人之间存在健康差异，国与国之间也存在国民经济健康差异。有些国家幸运地赶上科技大革命或者石油等战略资源大发现，这些国家的经济运行良好（生之徒，十有三）。有些国家若遇到极不利的外生冲击或存在严重结构问题，则注定发展困难和经济衰退（死之徒，十有三）。还有一些国家则过于折腾、过于追求奢华，硬是由原本的健康发展良好势头被错误地人为扭转为衰退困境（人之生生，动之于死地，亦十有三。夫何故？以其生生之厚）。

该章认为人善于养生长寿的关键在于避免硬伤死穴："盖闻善摄生者，陆行不遇兕虎，入军不被甲兵；兕无所投其角，虎无所用其爪，兵无所容其刃。夫何故？以其无死地。"宏观经济要持续健康发展，也要避免导致经济危机和金融危机的硬伤死穴。加强宏观经济监测和加强系统性金融风险的监管，使用宏观政策与宏观审慎政策进行逆周期调节，比危机爆发后的事后清理要代价小得多。2008年次贷危机案例表明，诸如次级贷类的病灶，虽小而危害大。使用加权平均法构建的传统风险指标体系容易平均掉重大风险，从而忽视风险的演变与爆发。另外，乱折腾和乱作为，容易导致经济出现重大结构问题，这是出现经济危机的根源，所谓"动之于死地"，值得高度关注。

五十一

道生之，德畜之，物形之，势成之。是以万物莫不尊道而贵德。道之尊，德之贵，夫莫之命而常自然。故道生之，德畜之；长之育之；亭之毒之；养之覆之。生而不有，为而不恃，长而不宰，是谓"玄德"。

解读：该章讨论了道和德融为一体在万物起源和生长过程中所起的重要作用（道生之，德畜之，物形之，势成之。是以万物莫不尊道而贵德），点明了道和德之所以功能强大，关键在于对万物运行减少不必要干涉、不乱作为（道之尊，德之贵，夫莫之命而常自然）。因此，该章建议治理者要行不乱作为之道、怀不争之深德。

该章对于宏观调控有借鉴意义。宏观调控与经济体的关系，如同道和德与万物之间的关系。宏观调控要促成经济体健康运行，就必须要坚守"莫之命而常自然"的柔弱定位。这也是宏观调控者有德的关键前提。

五十二

天下有始，以为天下母。既得其母，以知其子；既知其子，复守其母，没身不殆。塞其兑，闭其门，终身不勤。开其兑，济其事，终身不救。见小曰明，守柔曰强。用其光，复归其明，无遗身殃；是为袭常。

解读：该章认为万物有根源，即为道（天下有始，以为天下母）；掌握好道，就能认识万物运行的规律（既得其母，以知其子）；如果认识万物，还能遵守万物起源之道，那么万物运行就没有危险（既知其子，复守其母，没身不殆）。该章因而建议国家治理要减少不必要干预、不乱作为，要少言（塞其兑）、少行（闭其门），就能降低危机发生的可能性（终身不勤），否则危机不断（终身不救）。该章认为治理做到见微而实明、守弱而实强（见小曰明，守柔曰强），就能避免灾祸（无遗身殃），这就是常道的关键本质（是为袭常）。

对于宏观经济与宏观调控而言，经济健康运行有其客观规律，宏观调控尤其是常规宏观政策应该减少不必要干预，宏观经济会因减少不必要扰动而降低危机发生概率。好的宏观调控定位应该是"见小曰明，守柔曰强"，这样就能实现好的政策效果，"用其光，复归其明，无遗身殃"。

五十三

使我介然有知，行于大道，唯施是畏。大道甚夷，而人好径。朝甚除，田甚芜，仓甚虚；服文彩，带利剑，厌饮食，财货有余；是谓盗夸。非道也哉！

解读：该章认为治理者只要稍微明白事理，就应该走正气大道而畏于走邪道（使我介然有知，行于大道，唯施是畏）。大道平坦并不难走，为什么某些人还是要走邪道呢（大道甚夷，而人好径）？症结在于无道而制度缺位（朝甚除）。没有道和制度约束，就一定会出现百姓生活困苦（田甚芜，仓甚虚）、窃国大盗道德缺失、生活奢靡（服文彩，带利剑，厌饮食，财货有余；是谓盗夸）。

该章对于宏观调控有借鉴意义。宏观调控者要有道，宏观调控要有规则，国家才能有德和践行以人民为中心的发展理念，才能实现为了人民幸福的宏观调控最终目的。

五十四

善建者不拔，善抱者不脱，子孙以祭祀不辍。修之于身，其德乃真；修之于家，其德乃余；修之于乡，其德乃长；修之于邦，其德乃丰；修之于天下，其德乃普。故以身观身，以家观家，以乡观乡，以邦观邦，以天下观天下。吾何以知天下然哉？以此。

解读：该章蕴含着道的重要性。有道，建房者才能修建出牢固不拔的房子，善于抱持而不脱落，代代守道而延续繁衍。有道，德才有可能真实，才能落地，才不会空话连篇（修之于身，其德乃真）。而且，无论是在一家、一乡，还是在一邦、全天下，有道，其德才能得以推广和实现。

五十五

含德之厚，比于赤子。蜂虿虺蛇不螫，攫鸟猛兽不搏。骨弱筋柔而握固。未知牝牡之合而朘作，精之至也。终日号而不嗄，和之至也。知和曰常，知常曰明。益生曰祥。心使气曰强。物壮则老，谓之不道，不道早已。

解读：该章以婴儿为例再次论述柔弱胜刚强。该章认为道深德厚之人有如初生婴儿，看似柔弱其实刚强（含德之厚，比于赤子），可挡虫类鸟兽（蜂虿虺蛇不螫，攫鸟猛兽不搏。骨弱筋柔而握固。未知牝牡之合而朘作，精之至也）。从现代科学来看，六个月以内的新生婴儿不易生病是因为还处于从母体带来的抗体免疫力的有效保护期之内。该章还认为新生儿整日不停号哭但不会声音沙哑，是因为元气具有"和"的特征（终日号而不嗄，和之至也）。该章进一步认为"和"合乎常道，而过分贪生就会有不祥之兆、斗气就会有逞强之灾、过于强壮就会衰老，均不合乎道而迅速败亡。

从宏观调控理论视角来看，"和"可理解为类似于均衡的概念。在均衡中，家庭实现了效用最大化，企业实现了利润最大化。福利最大化的各经济主体即使辛苦劳作，也无怨言。这就是"和之至也"的典型例子。因此，经济运行市场化和宏观政策规则化是实现"和"的关键，宏观政策因之而可持续，经济因之而健康发展。

五十六

知者不言，言者不知。塞其兑，闭其门，挫其锐，解其纷，和其光，同其尘，是谓"玄同"。故不可得而亲，不可得而疏；不可得而利，不可得而害；不可得而贵，不可得而贱。故为天下贵。

解读：该章认为智者无须多言，言多必失，非智者（知者不言，言者不知）。建议国家治理应该少言（塞其兑）、少行（闭其门）、收敛锋芒（挫其锐）、消解纷扰（解其纷），就能达到"玄同"境界（和其光，同其尘，是谓"玄同"）。在"玄同"境界，因为做到了对所有人和所有事物都不分亲疏贵贱、无所偏爱和一视同仁（故不可得而亲，不可得而疏；不可得而利，不可得而害；不可得而贵，不可得而贱），所以被天下人所共同尊贵（故为天下贵）。

该章对于宏观调控有借鉴意义。不管是稳定政策，还是以资源配置优化为基础支撑的增长政策，或者是旨在扭转失衡的结构政策，对不同群体和不同企业都要一视同仁，不能有歧视。正因为如此，宏观调控者才能得到天下所有经济参与者的衷心拥戴，"故为天下贵"。一些发展中国家采用了要素市场管制政策，有其历史阶段性和一定合理性，但随着经济水平不断提升，最终还是要走向要素价格市场化的"玄同"境界。

五十七

以正治国，以奇用兵，以无事取天下。吾何以知其然哉？以此：天下多忌讳，而民弥贫；民多利器，国家滋昏；人多伎巧，奇物滋起；法令滋彰，盗贼多有。故圣人云："我无为，而民自化；我好静，而民自正；我无事，而民自富；我无欲，而民自朴。"

解读：该章认为与用兵讲究出其不意有所不同，治国要走清静正道，要避免乱作为（以正治国，以奇用兵，以无事取天下）。该章还进一步从正反两个方面对治理要无为、无事、无欲进行了论证。

依照该章逻辑，宏观调控要采用规则，不要乱作为。国家管制越多、相机调控越多，国家治理就越困难。经济运行负面清单越多，"天下多忌讳"，民众可以作为的空间就越窄，其结果就是"而民弥贫"。发展中国家实施要素管制措施越多，就越容易出现套利、腐败、要素市场运行效率低下进而抑制经济潜在增长；实施相机调控越多，就越容易出现动态不一致所导致的非合意超额通胀。如果国家减少微观干预、减少相机调控，坚持宏观调控理念八，那么经济体将会自我演化，经济规律自我形成，国家藏富于民，民众道德淳朴。

五十八

其政闷闷，其民淳淳；其政察察，其民缺缺。祸兮，福之所倚；福兮，祸之所伏。孰知其极？其无正。正复为奇，善复为妖。人之迷，其日固久。是以圣人方而不割，廉而不刿，直而不肆，光而不耀。

解读：该章接着上章继续论述国家治理清静之道的价值、违反它的后果，即国家治理仁厚，民众就淳朴，国家治理严苛，民众就狡狯规避烦琐政策监管（其政闷闷，其民淳淳；其政察察，其民缺缺）。该章还从事物运动具有矛盾统一性的特征入手，建议国家治理不能走极端。

宏观调控也不能走极端。只要能够实现政策空间和资源禀赋等约束条件下的合理政策目标，其政策力度就是最优，故没有必要追求不切实际的过高目标而使用过强政策力度。宏观调控之"道"不能走极端，宏观调控者之"德"也不能走极端（是以圣人方而不割，廉而不刿，直而不肆，光而不耀）。虽然该章提到了宏观调控者的行为方式要"不割""不刿""不肆""不耀"，但前提是要"方""廉""直""耀"，要先刚而后柔。该章倡导柔弱，却没有否定刚强。有鉴于此，《道德经》所倡导的柔弱可更好地重新解读为刚柔并济、内刚外柔下的柔弱，这要优于一味强调清静柔弱的消极性和被动性。

五十九

治人事天，莫若啬。夫唯啬，是谓早服；早服谓之重积德；重积德则无不克；无不克则莫知其极；莫知其极，可以有国；有国之母，可以长久；是谓深根固柢，长生久视之道。

解读：该章认为国家治理和个人养生要悠着点，即"啬"（治人事天，莫若啬），才能行长生久视之道。该章认为治理做到"啬"就是要提前准备，如此可以减少摩擦与冲突、减少急躁的无德行为，因而可以不断地积德（夫唯啬，是谓早服；早服谓之重积德）。有了不断地积德，治理就能不断地成功，治理之道就能长久（重积德则无不克；无不克则莫知其极；莫知其极，可以有国；有国之母，可以长久）。

该章关于治理要"啬"以及"啬"对于治理之德、之道有益的宝贵思想值得宏观调控借鉴。宏观调控也需要做到"啬"，既为未来预留政策空间，也要节省当前的政策空间。如何做到宏观调控的"啬"呢？按照该章建议，宏观调控前瞻性很重要（夫唯啬，是谓早服）。而且，宏观调控者要怀有一颗关爱人民的真心，努力实现全体人民共同幸福，才有可能落实宏观调控前瞻性和实现调控效果（早服谓之重积德；重积德则无不克）。如果宏观调控做到"啬"、"早服"和"重积德"，民众就会感受到并相信宏观政策的无限关爱与无限能力，从而形成宏观调控的可信规则，实现宏观调控的可持续（是谓深根固柢，长生久视之道）。

六十

治大国，若烹小鲜。以道莅天下，其鬼不神；非其鬼不神，其神不伤人；非其神不伤人，圣人亦不伤人。夫两不相伤，故德交归焉。

解读：该章认为治理国家有道、有规则为好（治大国，若烹小鲜）。用道治理国家，妖魔鬼怪和治理者本人都无法伤害人民，人民也才会相信治理之德（以道莅天下，其鬼不神；非其鬼不神，其神不伤人；非其神不伤人，圣人亦不伤人。夫两不相伤，故德交归焉）。

该章对宏观调控有借鉴意义。宏观调控力度要在政策代价、政策效果、政策空间之间取得最佳平衡，也是如同"若烹小鲜"般不易。泰勒规则等宏观调控政策规则逐步形成并完善，有助于确定最优政策力度。道是德的基础。宏观调控有道、有规则，那么不但可以有效应对供给、需求、外部因素等各类冲击，而且宏观调控者也会因有约束而有德，从而冲击与宏观调控者两者都不会对经济运行和民众产生伤害。

六十一

大邦者下流，天下之牝，天下之交也。牝常以静胜牡，以静为下。故大邦以下小邦，则取小邦；小邦以下大邦，则取大邦。故或下以取，或下而取。大邦不过欲兼畜人，小邦不过欲入事人。夫两者各得所欲，大者宜为下。

解读：该章探讨大国小国相处之道、之德，对于全球治理和宏观政策国际协调有借鉴意义。宏观政策国际协调的主流理论以蒙代尔-弗莱明小国开放宏观模型为核心，模型中的小国只能被动接受来自美国宏观政策的溢出效应，模型本质上所刻画的是大国霸道主义或者美元霸权主义。美国财政部原部长康纳利的名言"美元是我们的货币，却是你们的麻烦"简洁而深刻地描绘了这一点。

宏观政策国际协调西方主流理论着眼于霸道大国背景下的小国行为，与此不同的是，《道德经》着眼于分析大国行为。该章建议大国要主动对小国谦下，这既是大国小国相处之道，也是德的体现（大邦者下流，天下之牝，天下之交也。牝常以静胜牡，以静为下）。该章还认为，大国主动谦下既可以实现小国求容于大国的发展需求，也能实现大国维持全球治理秩序的责任需求，从而实现均衡和谐共处的全球治理，"大邦不过欲兼畜人，小邦不过欲入事人。夫两者各得所欲，大者宜为下"。道与德是国际政策协调的基础，借鉴《道德经》千年智慧，大国和小国就能各得其所，大国就能避免霸权主义下小国脱钩风险，达到《道德经》所说的"是以天下乐推而不厌"的新境界，小国就能避免大国政策失误带来的溢出效应和实现健康发展。该章与宏观调控理念七相一致。

六十二

道者万物之奥。善人之宝，不善人之所保。美言可以市，尊行可以加人。人之不善，何弃之有？故立天子，置三公，虽有拱璧以先驷马，不如坐进此道。古之所以贵此道者何？不曰：求以得，有罪以免邪？故为天下贵。

解读：《道德经》第四十九章认为国家治理应该没有选择性地善待全体人民。在此基础上，该章进一步认为不同人群都值得拥有"道"（道者万物之奥。善人之宝，不善人之所保）。不善之人可用道改进美言和尊行（美言可以市，尊行可以加人。人之不善，何弃之有），所以该章认为道是比拱璧、驷马更值得进献的宝物。

宏观调控也是如此。对于经济运行健康的国家，宏观调控有道和有规则就可以发展得更好。对于经济运行非健康的国家，有道和有规则可以避免重大危机和防止颠覆性错误（不曰：求以得，有罪以免邪？故为天下贵）。对于这两类不同国家，都能实现各自的急需目标。

六十三

为无为，事无事，味无味。大小多少，图难于其易，为大于其细；天下难事，必作于易，天下大事，必作于细。是以圣人终不为大，故能成其大。夫轻诺必寡信，多易必多难。是以圣人犹难之，故终无难矣。

解读：该章建议国家治理要以不乱作为的方式来有所作为，以不搞事的方式来做事，这如同以原有鲜甜味道来烹饪调味（为无为，事无事，味无味）。宏观调控也是如此，宏观调控要定位于遵循规则来应对非合意经济波动与经济危机，方式看似无为，但结果却有为。

该章建议国家治理如同做事要有方法论，要先小后大、先易后难，才能成就国家大事（大小多少，图难于其易，为大于其细；天下难事，必作于易，天下大事，必作于细。是以圣人终不为大，故能成其大）。宏观调控也是如此。宏观调控的规则与预调微调都是方法论。宏观调控有规则，才能以此实现宏观调控的预调微调，进而实现调控效果。预调是指宏观调控采取前瞻性思路，依据对未来经济状态的预测而不是当下情况来制定最优宏观经济政策。微调则是相对于强刺激宏观调控政策而言，采取相对温和的宏观调控措施。现代宏观经济学和中国宏观经济最新实践表明宏观调控预调微调可以实现比强刺激更好的政策效果。

既然治理先易后难，那是不是治理无难事呢？是不是就可以随随便便对治理允诺呢？显然不是。该章很精妙地认为治理"夫轻诺必寡信"，还认为"多易必多难。是以圣人犹难之，故终无难矣"。宏观调控也是如此。

宏观调控过多采纳相机调控方式，容易产生动态不一致问题，出现"夫轻诺必寡信"。相比之下，宏观调控有规则，能够以此实现调控政策的可信度和预期管理，更容易形成公众预期，从而可以更好地实施预期管理。正因为宏观调控并非易事，所以要靠规则来实施宏观政策。宏观调控有规则，才能以此降低调控政策的操作难度。在逐步形成的宏观调控规则基础上，按照新的实际经验来逐步调整完善宏观调控规则，过程谨慎但并非难事。

该章与宏观调控理念四和理念五一致。

六十四

其安易持，其未兆易谋。其脆易泮，其微易散。为之于未有，治之于未乱。合抱之木，生于毫末；九层之台，起于累土；千里之行，始于足下。为者败之，执者失之。是以圣人无为故无败；无执故无失。民之从事，常于几成而败之。慎终如始，则无败事。是以圣人欲不欲，不贵难得之货；学不学，复众人之所过，以辅万物之自然而不敢为。

解读：该章分为上段和下段两个部分，所蕴含的丰富治理思想对于宏观调控有宝贵借鉴意义。

该章上段语意完整，系统论述的治理预调微调思想可以借鉴到宏观调控，可以细分为三层意思。其一，宏观调控预调成本更低、难度更小，因此预调有意义、有价值。"其安易持，其未兆易谋。其脆易泮，其微易散。"局势安稳时容易持守，问题还没有征兆时容易谋划，事物脆弱时容易破裂，事物细微时容易散失，因此预调的好处在于相比事后调整或调控而言成本更低、难度更小。资产泡沫破灭前的监管成本要远小于泡沫破裂后的金融危机清理成本。其二，宏观调控需要预调。"为之于未有，治之于未乱。"意即需要前瞻性地开展政策行动。其三，宏观调控微调的累积效应并不微小，有时甚至巨大，"合抱之木，生于毫末；九层之台，起于累土；千里之行，始于足下"。长期性工作起始于当前的微小状态。就宏观调控而言，微调虽然不是强刺激，但是绵绵发力，久久为功，累积效应也会产生抓铁有痕般的良好调控效果。

该章下段含义多样，所包含的三重意思均围绕着治理如何立于不败之地来展开论述，对于宏观调控也有参考价值。其一，宏观调控不乱作为就不会失败（为者败之，执者失之。是以圣人无为故无败；无执故无失）。其二，宏观调控需要保持政策连续性、稳定性和可持续性，不搞急转弯，不搞急刹车（民之从事，常于几成而败之。慎终如始，则无败事）。其三，宏观调控处于不败之地的关键在于处理好政府与市场的关系。党的二十大报告继续倡导要"充分发挥市场在资源配置中的决定性作用，更好发挥政府作用"，凡是市场和民众能够做的、愿意做的，就应让市场发挥作用。凡是市场和民众不能做的、不愿意做的，出现了市场失灵，国家就应该发挥作用和承担起责任来（是以圣人欲不欲，不贵难得之货；学不学，复众人之所过，以辅万物之自然而不敢为）。例如，基础研究、高铁等投资巨大的基础设施，经济收益远小于社会收益，只能由国家来实施。

六十五

古之善为道者，非以明民，将以愚之。民之难治，以其智多。故以智治国，国之贼；不以智治国，国之福。知此两者亦稽式。常知稽式，是谓"玄德"，玄德深矣，远矣，与物反矣，然后乃至大顺。

解读：该章从字面上容易被误读为鼓吹愚民政策。其实不然，"明"是指精明巧诈，"愚"是指淳朴自然。该章核心思想是倡导治理要多采用规则，少采用令人琢磨不透的相机抉择。按照如此之道，就能道德养成，国家治理就能大顺成功（知此两者亦稽式。常知稽式，是谓"玄德"，玄德深矣，远矣，与物反矣，然后乃至大顺）。

该章对于规则化宏观调控有借鉴意义。"民之难治，以其智多"，"智"可理解为经济学中的理性预期。宏观政策动态不一致的本质在于宏观政策当局与具有理性预期的公众进行博弈。在博弈过程中，公众已经"智"多，这时政策当局再以"智"来应对，那就无法形成均衡，或者形成的均衡不是全局最优的均衡，而是更高通货膨胀的次优均衡。宏观经济学建议宏观政策应该采用规则化宏观调控而不是相机调控，即"故以智治国，国之贼；不以智治国，国之福。知此两者亦稽式"。

坚持采用规则化宏观调控有两个好处。其一，规则有助于道德养成，"常知稽式，是谓'玄德'，玄德深矣，远矣"。认识浅显而深刻的这一道理，有助于培养德才兼备的优秀管理者。其二，规则有助于经济运行恢复至动态化稳态，"与物反矣，然后乃至大顺"。经济运行本身有规律和有恢复至动态化稳态的趋势，规则化宏观调控不会破坏经济运行规律和趋势。

该章与宏观调控理念四和理念八相一致。

六十六

江海之所以能为百谷王者，以其善下之，故能为百谷王。是以圣人欲上民，必以言下之；欲先民，必以身后之。是以圣人处上而民不重，处前而民不害。是以天下乐推而不厌。以其不争，故天下莫能与之争。

解读：百谷，百川。王，往。《道德经》观察到百川奔流到江海，是因为百川处上而江海处下（江海之所以能为百谷王者，以其善下之，故能为百谷王）。该章因而认为国家要以人民为上、为中心，既要说到（是以圣人欲上民，必以言下之），也要在实际利益上做到（欲先民，必以身后之）。这样的话，人民的切身利益会得到保障而衷心支持国家治理政策。

该章对于宏观调控有借鉴意义。"善下"不只是简单的、形式上的处下、不争,而是深层次的、利益上的处下、不争。不争,既是宏观调控之道,也是宏观政策制定者之德,两者相得益彰。唯有如此,民众才会真正接受国家宏观经济治理,市场经济运行主体才会接受宏观调控政策。宏观调控真正践行以人民为中心、以人民利益为根本遵循的发展思想,就能实现"是以天下乐推而不厌"的完美治理效果。

六十七

我有三宝,持而保之。一曰慈,二曰俭,三曰不敢为天下先。慈故能勇;俭故能广;不敢为天下先,故能成器长。今舍慈且勇;舍俭且广;舍后且先;死矣!夫慈,以战则胜,以守则固。天将救之,以慈卫之。

解读:该章认为国家治理坚持三大法宝就不会衰败。一是国家对民众要如同父母对孩子,因慈爱而勇敢。二是国家为未来经济波动与危机预留财力等宝贵政策空间,因俭啬而持久。三是国家对民众、长官对部下和大国对小国都要不争,因让利而增强领导力。即"我有三宝,持而保之。一曰慈,二曰俭,三曰不敢为天下先。慈故能勇;俭故能广;不敢为天下先,故能成器长"。

该章认为如果舍弃三宝的根本(慈、俭、不敢为天下先),而去本末倒置地追求三宝的形式结果(勇、广、器长),那么一定会导致国家衰败(今舍慈且勇;舍俭且广;舍后且先;死矣)!

该章还在三宝之中突出强调慈爱的力量。慈爱,道和德兼有,攻和守兼备,具有强大作用(夫慈,以战则胜,以守则固。天将救之,以慈卫之)。该章所提出的慈爱力量,能够帮助我们更好地理解《道德经》一贯坚持的"柔弱胜刚强",对于国家治理和宏观调控都有重要指导意义。

六十八

善为士者,不武;善战者,不怒;善胜敌者,不与;善用人者,为之下。是谓不争之德,是谓用人,是谓配天,古之极也。

解读:该章认为善于统帅士卒的人不崇尚勇武(善为士者,不武),善于打仗的人不轻易被激怒(善战者,不怒),善于胜敌的将军不与敌人正面冲突(善胜敌者,不与),善于用人的管理者对部下谦和以凝聚人心和激励部下奋发图强(善用人者,为之下)。该章归纳认为不争之德能充分调动各方力量,合乎天道,是自古以来国家治理的最高准则(是谓不争之德,是谓用人,是谓配天,古之极也)。

该章对于宏观调控有借鉴意义。好的宏观调控应该采用微调和规则化宏观调控,而不应该使用蛮力与强刺激;应该采用预调,而不应该与经济危机发生正面冲突。好的宏观调控,要充分调动各类人才的积极性,充分发挥资金、劳动力、人力资本、自然资源、数据新要素等各类资源的作用,做到人尽其才、物尽其力,才能真正促进经济健康长久发展。

六十九

用兵有言:"吾不敢为主,而为客;不敢进寸,而退尺。"是谓行无行;攘无臂;扔无敌;执无兵。祸莫大于轻敌,轻敌几丧吾宝。故抗兵相若,哀者胜矣。

解读:哀,慈。该章借用兵来讨论治理的防守态势与审慎态度。一是治理如同用兵要采取守势而非攻势。该章并未否定用兵,只是建议改善用兵的方式,即"是谓行无行;攘无臂;扔无敌;执无兵"。二是治理如同用兵轻敌必好战,好战必失慈悲之宝(祸莫大于轻敌,轻敌几丧吾宝)。因此,交战双方实力相近时,慈悲者必胜(故抗兵相若,哀者胜矣)。

使用宏观调控如同用兵,也如同用药,旨在解决问题,过程需谨慎。

该章关于治理的两点建议都值得宏观调控借鉴。其一，宏观调控应该处于守势而不是攻势。生病当然该吃药，但也不必将体温恒定在37摄氏度。宏观调控虽有熨平经济波动的力量，但也不能随意使用。当然，宏观调控的守势性与加强宏观调控的前瞻性并不矛盾。其二，若遭遇严重经济波动和经济危机而不得不使用宏观调控，则要谨慎处理。轻敌，不够谨慎，那么就会力度过猛而损害政策可持续性，如同用兵出现多杀人而伤害三宝中的"慈"。

七十

吾言甚易知，甚易行。天下莫能知，莫能行。言有宗，事有君。夫唯无知，是以不我知。知我者希，则我者贵。是以圣人被褐怀玉。

解读：《道德经》注意到国家治理政令有时并不复杂，也具有可行性，但难以推行（吾言甚易知，甚易行。天下莫能知，莫能行）。该章认为这是因为民众没有认识到治理政令是有主旨、有规则、有根据的（言有宗，事有君。夫唯无知，是以不我知）。

该章对于宏观调控的规则化和预期管理有借鉴意义。宏观调控虽然存在规则，但如果缺乏良好的预期管理尤其是透明度管理，导致公众并不知情，则无法与宏观调控形成合意的一般均衡。因此，规则化宏观调控叠加预期管理有助于提高调控效率。与其感叹宏观调控和治理政令不被人知，如同身披粗衣内怀美玉（知我者希，则我者贵。是以圣人被褐怀玉），还不如践行规则化宏观调控叠加预期管理的宏观调控模式。

七十一

知不知，尚矣；不知知，病也。圣人不病，以其病病。夫唯病病，是以不病。

解读：该章认为治理者之所以圣明并不在于知道一切、预知未来，反而是不知道却自以为什么都知道存在严重的问题（知不知，尚矣；不知知，病也）。正因为治理者把问题当问题，才能解决问题（夫唯病病，是以不病）。

沿着该章的逻辑，可以更好地改善宏观调控。宏观调控者知道自己不可能知道全部信息与知识，更不可能准确预测未来，这是好事。即使采用越来越先进的人工智能算法和大数据方法，也无法解决逆向选择、道德风险问题、预测问题等信息问题。不能因为有了大数据与人工智能就以为可以回到采用宏观调控体制之前的计划经济模式。不能掌握一切信息、不能预知未来，并不是说宏观调控会失效。宏观调控采用预调加微调的方式、宏观调控兼顾规则和相机调控，都可以在有限信息之下有效实施宏观调控。

七十二

民不畏威，则大威至。无狎其所居，无厌其所生。夫唯不厌，是以不厌。是以圣人自知不自见；自爱不自贵。故去彼取此。

解读：该章讨论国家治理与民众相处之道，对于宏观调控可以借鉴。该章认为当民众不畏惧国家的威权压迫之时，也即国家出现祸乱之时（民不畏威，则大威至）。因而建议国家治理要抛弃威权压迫，改为关爱民众的居住等具体民生方面以获得民众的衷心拥戴（无狎其所居，无厌其所生。夫唯不厌，是以不厌）。因此，该章最后要求治理者要自知不自见、自爱不自贵，有德帮助守道，从而有助于关爱人民、治理国家。

七十三

勇于敢则杀，勇于不敢则活。此两者，或利或害。天之所恶，孰知其故？天之道，不争而善胜，不言而善应，不召而自来，繟然而善谋。天网恢恢，疏而不失。

解读：该章认为虽然不清楚天道的逻辑，但能够观察到世间万物勇于刚强则毁灭，相反，处于柔弱而存活（勇于敢则杀，勇于不敢则活。此两者，或利或害。天之所恶，孰知其故）。该章因而建议治理要行不争之道，这样就能疏而不漏地调动一切资源，达成治理目的（天之道，不争而善胜，不言而善应，不召而自来，繟然而善谋。天网恢恢，疏而不失）。

该章讨论的治理之道对于宏观调控也有借鉴意义。宏观调控勇于刚强，则不可持续，而勇于柔弱则可持续。宏观调控柔弱有为，具体体现在不争。国家不与民争利，不争夺民众能做的事情、愿意的事情。宏观调控不争夺和不取代市场机制的地位，只是弥补市场失灵和拯救宏观经济免于过热或过冷。

七十四

民不畏死，奈何以死惧之？若使民常畏死，而为奇者，吾将得而杀之，孰敢？常有司杀者杀。夫代司杀者杀，是谓代大匠斫。夫代大匠斫者，希有不伤其手矣。

解读：对于为非作歹的人（为奇者），将他抓起来杀掉，那谁还敢胡作非为？杀人有专人负责，代替者因不够专业而容易误伤自己手（夫代大匠斫者，希有不伤其手矣）。该章借此喻示治理有其规律，国家不能越俎代庖和越位干预，否则会伤人也伤己。

该章思想也适用于宏观调控。宏观调控应该坚持有规则，制定规则有规则、偏离规则有规则。该章内涵与宏观调控理念八相一致。

七十五

民之饥，以其上食税之多，是以饥。民之难治，以其上之有为，是以难治。民之轻死，以其上求生之厚，是以轻死。夫唯无以生为者，是贤于贵生。

解读：该章认为民众之所以饥饿贫困，是因为税负太重（民之饥，以其上食税之多，是以饥）；民众之所以难治，是因为国家乱作为，负面清单禁忌太多，民众生存发展空间太窄（民之难治，以其上之有为，是以难治）；民众之所以轻死，是因为国家治理者生活优渥奢侈（民之轻死，以其上求生之厚，是以轻死）。该章因而建议治理者不要追求生活奢侈（夫唯无以生为者，是贤于贵生）。该章再次呈现了治理之道与治理之德两者兼容。

七十六

人之生也柔弱，其死也坚强。草木之生也柔脆，其死也枯槁。故坚强者死之徒，柔弱者生之徒。是以兵强则灭，木强则折。强大处下，柔弱处上。

解读：《道德经》观察到人和草木生时柔弱，而死时枯槁（人之生也柔弱，其死也坚强。草木之生也柔脆，其死也枯槁）。推而广之，该章认为"故坚强者死之徒，柔弱者生之徒"。该章最后得出结论："是以兵强则灭，木强则折。强大处下，柔弱处上。"

按照该章的启示，由于生命、草木和用兵等万事万物具有柔弱者生存和刚强者灭亡的共同特征，宏观调控不应该定位于刚强，而应该定位于柔弱而有为。这样的话，宏观调控会具有充足政策空间，从而具有可持续性。该章有助于理解宏观调控的定位和宏观调控理念六。

七十七

天之道，其犹张弓与？高者抑之，下者举之；有余者损之，不足者补之。天之道，损有余而补不足。人之道，则不然，损不足以奉有余。孰能有余以奉天下，唯有道者。是以圣人为而不恃，功成而不处，其不欲见贤。

解读：射箭挽弓时需要合适角度，需要"高者抑之，下者举之；有余者损之，不足者补之"。该章借此比喻认为天之道类似于张弓，也是要"损有余而补不足"，而人之道与天之道正好相反，"损不足以奉有余"。该章建议国家治理之道即圣人之道，不能行常人之道，而要行天之道，这就需要德的加持才可以做到（孰能有余以奉天下，唯有道者）。该章最后建议治理者要修治理之美德："是以圣人为而不恃，功成而不处，其不欲见贤。"

该章对于宏观调控的结构政策有重要启示。人类社会不可避免地存在贫富差距。贫富差距的形成可能与多种复杂因素有关，其中一种重要因素是人与人之间的差异性。古代更多体现为身体强壮程度等体力上的差异，现代社会则更多体现为智力和创新能力上的差异。人与人之间原本就存在差异，制度上强者对于弱者的领导和掠夺还会扩大贫富差距，导致人之道"损不足以奉有余"的人类社会贫富差距扩大现象看似合理和有效率。自由市场理论难以回答解决这一问题，但胸怀人民、秉持道德的国家却不能坐视贫富差距的扩大，而削富济贫又谈何容易。那怎么办呢？按照《道德经》该章的建议，国家宏观调控要在道德指引下行天之道而不是人之道。国家分好蛋糕的关键在于做大蛋糕（有为）和让利于民（不争）。因此，具体而言，要用"德"和"道"，通过规则化的初次分配、规则化的再分配和蕴含道德的适当的第三次分配，可以有效降低贫富差距和实现共同富裕。尤其是在宏观政策"三策合一"框架下，可以兼顾推进共同富裕与实现宏观经济健康发展，从根本上保证实现共同富裕的可行性与可持续性。

七十八

天下莫柔弱于水，而攻坚强者莫之能胜，以其无以易之。弱之胜强，柔之胜刚，天下莫不知，莫能行。是以圣人云："受国之垢，是谓社稷主；受国不祥，是为天下王。"正言若反。

解读：该章认为水于世界万物之中最为柔弱，却能够水滴石穿和攻击坚强物体，具有不可替代性（天下莫柔弱于水，而攻坚强者莫之能胜，以其无以易之）。该章也坦承"柔弱胜刚强"的道理好懂，但实际做到却很难（弱之胜强，柔之胜刚，天下莫不知，莫能行），关键在于治理者要有不争之"德"："是以圣人云：'受国之垢，是谓社稷主；受国不祥，是为天下王。'"

宏观调控也是如此。宏观调控定位于看似柔弱的按规则实施，但其在逆周期调节经济波动、应对危机和调整经济结构等方面具有不可替代的强大作用。宏观调控应该兼顾规则与相机抉择，但根本前提是有规则。而要做到这一点，需要宏观调控者怀不争之德，控制内心的权利欲望，实施有道的宏观调控。

七十九

和大怨，必有余怨，安可以为善？是以圣人执左契，而不责于人。有德司契，无德司彻。天道无亲，常与善人。

解读：该章认为和解深怨，必定还有余怨，和解也不是最妥善的办法（和大怨，必有余怨，安可以为善），故国家一定要避免与民众产生深怨。该章对这一问题的解决办法仍然是一如既往的"道"和"德"两者要兼顾。

该章对于宏观调控很有启示。经济困难时，国家要借钱给民众，避免在民众困难时索取偿还（是以圣人执左契，而不责于人）。国家借钱给民众，是有德，而国家过度收税，则是无德（有德司契，无德司彻）。该章的思想，与倡导央行在经济危机时扮演最后贷款人角色的现代宏观理论本质上相一致。

八十

小国寡民。使有什伯人之器而不用；使民重死而不远徙。虽有舟舆，无所乘之；虽有甲兵，无所陈之。使民复结绳而用之。甘其食，美其服，安其居，乐其俗。邻国相望，鸡犬之声相闻，民至老死，不相往来。

解读：长期以来，不少人对该章有误解，认为这是倡导消极厌世。其实不然。"小国寡民"并不是消极厌世的代名词，而是以其生活状态生动地彰显了民众对幸福生活的向往与追求。本国宏观经济治理效果好，实现了人民日益增长美好生活需要的宏观治理最终目的。即使本国弱小贫穷，但本国国民并不向往隔壁的大国强国，愿意长久生活工作在本国，因为本国可以提供幸福生活。该章与宏观调控理念一一致。

八十一

信言不美，美言不信。善者不辩，辩者不善。知者不博，博者不知。圣人不积，既以为人己愈有，既以与人己愈多。天之道，利而不害；圣人之道，为而不争。

解读：该章是《道德经》的总结，分为三层意思。第一层意思是通过总结人的合适行为准则重申宏观政策预期管理。真话不需要华美之词，善人不需要巧辩，治学深刻不需要追求广博。预期管理关键在于真诚朴实，而不是花言巧语。

第二层意思是重申国家不争有利于民众和国家，也有利于宏观调控可持续性。国家越是为人民幸福着想，就越是强大，国家越是给予人民，就越是富裕。国家以人民为中心，以人民幸福为宏观调控最终目的，宏观调控空间会因为政策实施反而得以存在甚至扩张。具体机制是在"三策合一"新框架下，增长政策和结构政策既可以提升潜在增速，也可以提高调控效率，政策空间从而得以实现扩张。这实现了《道德经》所说的"圣人不积，既以为人己愈有，既以与人己愈多"。

第三层意思总结了《道德经》的核心思想与关键建议。圣人之道，应该有所作为，但要怀不争之德，处不争之定位。圣人之道可以实现天之道的益处，可以化解人之道导致结构恶化的害处，即"天之道，利而不害；圣人之道，为而不争"。

第四章

借鉴《道德经》，以宏观政策"三策合一"为主线创新和完善中国特色宏观调控

第四章 借鉴《道德经》，以宏观政策"三策合一"为主线创新和完善中国特色宏观调控

中国特色宏观调控比西方国家宏观经济政策内涵更为丰富。西方国家宏观经济政策主要通过货币政策和财政政策对总需求进行逆周期调节，从而熨平短期经济波动。中国特色宏观调控不仅包含对短期经济波动的逆周期调节，还包含对长期经济增长与经济结构的调节与优化。新中国成立以来尤其是改革开放之后，中国特色宏观调控体系逐步形成与完善，成为发挥中国特色社会主义市场经济体制优越性的重要基础与保障，有力支撑了中国实现增长奇迹和第一个百年奋斗目标。这得益于中国特色宏观调控所具有的显著优势。纵然如此，中国特色宏观调控体系目前还缺乏体系化的理论基础，导致中国特色宏观调控还存在一些不足之处。比如，宏观调控的目标体系尚待优化，政策工具仍需不断优化，政策执行与政策落实有待改进，政策协调有待加强，预期管理有待健全，政策传导效率有待提高。

在坚持中国特色宏观调控基本特点和保持重要优势的前提下，需要进一步创新和完善中国特色宏观调控，才能更好地克服调控效率有所不足的问题，在新时代再现经济增长奇迹，助力中国顺利实现第二个百年奋斗目标。创新和完善中国特色宏观调控是党和国家长期以来都高度重视的重大战略，2013年以来中国经济面临的新挑战与新机遇逐步显现，党和国家更是高度重视。2013年12月3日召开的中共中央政治局会议以及2014年召开的中央经济工作会议在总结当年经济工作时，均强调了创新宏观调控。党的十八届五中全会首次正式提出"创新和完善宏观调控方式"。"十三五"规划将"创新和完善宏观调控"作为单独一章，对"十三五"期间创新和完善宏观调控的目标与要求作出了系统部署。党的十九大报告同样强调要"创新和完善宏观调控"，并将其作为"加快完善社会主义市场经济体制"的重要举措。2016—2019年的《政府工作报告》以及中央经济工作会议几乎全都强调要"创新和完善宏观调控"。2020年中共中央、国务院发布的《关于新时代加快完善社会主义市场经济体制的意见》首次正式提

出了"宏观经济治理"概念，指出要"完善宏观经济治理体制""进一步提高宏观经济治理能力"。"十四五"规划和党的二十大报告对"完善宏观经济治理"作出了系统部署。

创新和完善中国特色宏观调控需要从两个方面入手，这两个方面缺一不可。第一个方面是突出强调中国宏观调控的一般性，即基于中国实践，在国际性通用语言体系下，提炼出可复制可推广的一般性宏观调控理论与政策框架。宏观政策"三策合一"的宏观政策新理论框架就是一种初步探索。第二个方面则是通过吸收《道德经》等中华优秀传统文化来更加强调中国特色宏观调控的中国特色。

一、中国特色宏观调控的演进历程及其对中国经济增长奇迹的有力支撑

中国特色宏观调控体系的逐步形成，体现了鲜明的与时俱进特征，大致可以分为三个阶段。

第一个阶段是1978—1991年，中国特色宏观调控以计划经济时期的管理手段为主、对市场机制的调节手段为辅。改革开放初期，中国逐步认识到市场经济的重要性，但市场的重要性与计划经济的重要性相比尚存差距。1981年，党的十一届六中全会审议并通过的《关于建国以来党的若干历史问题的决议》指出："必须在公有制基础上实行计划经济，同时发挥市场调节的辅助作用。"[①] 党的十二大报告进一步提出："国家通过经济计划的综合平衡和市场调节的辅助作用，保证国民经济按比例地协调发展。"[②] 1984

---

① 中国共产党中央委员会关于建国以来党的若干历史问题的决议．北京：人民出版社，1981：55.

② 胡耀邦．全面开创社会主义现代化建设的新局面：在中国共产党第十二次全国代表大会上的报告．北京：人民出版社，1982：23.

第四章 借鉴《道德经》，以宏观政策"三策合一"为主线创新和完善中国特色宏观调控

年，党的十二届三中全会发布的《中共中央关于经济体制改革的决定》论述了中国实行的是"有计划的商品经济"，而不是"完全由市场调节的市场经济"①。在指令性计划范围内，市场所起到的作用相对有限。1987年，党的十三大报告提高了对市场重要性的认识，从理论上扩大了市场调节的范围和功能，把国家调节与现代宏观调控模式结合起来，指出要"逐步健全以间接管理为主的宏观经济调节体系。宏观调节与搞活企业、搞活市场三者是统一的，缺一不可"②。

第二个阶段是1992—2012年，宏观调控将计划管理手段与对市场机制的调节手段并重，并与中国特色社会主义市场经济体制有机结合起来。1992年，党的十四大报告明确提出："要建立的社会主义市场经济体制，就是要使市场在社会主义国家宏观调控下对资源配置起基础性作用。"③这标志着中国特色社会主义市场经济体制的正式确立，为中国特色宏观调控充分发挥市场机制的作用奠定了基础。党的十五大和十六大报告总结了社会主义市场经济的实践经验，并在此基础上提出逐步健全宏观调控体系的要求。党的十六大报告提出，要"健全现代市场体系，加强和完善宏观调控"，"完善国家计划和财政政策、货币政策等相互配合的宏观调控体系，发挥经济杠杆的调节作用"④。党的十七大报告进一步提出要在社会主义市场经济体制下完善宏观调控体系，并提出"要深化对社会主义市场经济规律的认识，从制度上更好发挥市场在资源配置中的基础性作用，形成有利于科学发展的宏观调控体系"⑤。

第三个阶段是2013年至今，中国特色宏观调控体系明确了以市场机

---

① 中共中央关于经济体制改革的决定.北京：人民出版社，1984：18.
② 中国共产党第十三次全国代表大会文件汇编.北京：人民出版社，1987：35-36.
③ 中国共产党第十四次全国代表大会文件汇编.北京：人民出版社，1992：22.
④ 中国共产党第十六次全国代表大会文件汇编.北京：人民出版社，2002：26,27.
⑤ 中国共产党第十七次全国代表大会文件汇编.北京：人民出版社，2007：21.

制的调节手段为主导,在此基础上进行了一系列调控举措创新,使市场在资源配置中起决定性作用并更好地发挥了政府的作用。党的十八届三中全会指出:"经济体制改革是全面深化改革的重点,核心问题是处理好政府和市场的关系,使市场在资源配置中起决定性作用和更好发挥政府作用。"① 其中,"使市场在资源配置中起决定性作用"的定位,从理论上进一步加强了市场在配置资源过程中所起到的作用。中国特色宏观调控也遵循这一要求,更加注重对市场的调节,强调货币政策和财政政策在宏观调控体系中的主体地位,以及对产业政策、区域政策等其他经济政策的运用,弱化对计划管理手段的使用。党的十八届三中全会明确指出,要健全"以财政政策和货币政策为主要手段的宏观调控体系"②。"十三五"规划也明确要求,宏观政策要"完善以财政政策、货币政策为主,产业政策、区域政策、投资政策、消费政策、价格政策协调配合的政策体系"③。党的十八大以来,中国特色宏观调控进行了一系列调控举措创新,包含区间管理、定向调控、供给侧结构性改革与需求侧管理等,这些新举措更好地使市场在资源配置中起到了决定性作用,同时也更好地发挥了政府的作用。

在这一阶段,宏观调控逐步形成了适应新时代发展要求的宏观经济治理思想。按照时间线可大致分为四个关键点:基于中国经济发展进入新常态的重要判断,宏观调控理念与思路发生了全面转变;以深化供给侧结构性改革为主线,形成了宏观经济治理新思路;立足于推动高质量发展的根本要求,健全完善宏观经济治理体系;立足中国经济新发展阶段、新发展理念与新发展格局,宏观经济治理思想全面成型。

---

① 中国共产党第十八届中央委员会第三次全体会议公报.北京:人民出版社,2013:7.
② 中国共产党第十八届中央委员会第三次全体会议文件汇编.北京:人民出版社,2013:33.
③ 中共中央关于制定国民经济和社会发展第十三个五年规划的建议.北京:人民出版社,2015:18.

第四章　借鉴《道德经》，以宏观政策"三策合一"为主线创新和完善中国特色宏观调控

总体而言，中国特色宏观调控有力保障了长达几十年的中国经济增长奇迹，有力支撑了第一个百年奋斗目标的顺利实现。1978年，党的十一届三中全会作出了把党和国家工作中心转移到经济建设上来、实行改革开放的历史性决策，开启了中国改革开放的新纪元。四十多年来，中国经济高速发展，人民生活质量不断提升，中华民族迎来了从站起来、富起来到强起来的伟大飞跃。第一，中国经济保持长达四十余年的高增长，使得中国迅速跃升为全球第二大经济体。第二，城乡居民生活水平大幅提高，广大人民群众从普遍绝对贫困跃升到全面小康。第三，中国从工业基础薄弱的农业国成为世界第一工业制造大国。第四，中国从封闭半封闭到全方位开放，成为"世界工厂"。第五，中国平稳实现经济体制转轨，没有出现其他转轨国家所经历的经济大幅衰退。

二、中国特色宏观调控的特点与优势

西方国家宏观经济政策的实践与理论根植于成熟的自由市场经济体制，与之不同，中国特色宏观调控是在社会主义市场经济制度建立与完善的过程中逐步形成的，体现出鲜明特征与显著优势，这是中国特色宏观调控取得成功的关键。

1. 特点

中国特色宏观调控体系的形成突破了西方经济理论的局限，与西方宏观调控体系存在显著区别，在调控目标、调控工具、调控方式与调控机制等方面呈现中国独有的特点。

第一，中国特色宏观调控的目标多元化，不局限于西方经济学所建议的通胀单一目标制。在西方经济理论的指导下，国外宏观调控主要是通过

逆周期调节实现经济稳定，着眼于平抑短期经济波动，主要锚定四大目标，即经济增长、物价稳定、充分就业、国际收支平衡。在实践操作中，大多数西方国家的宏观政策还会对这四大宏观调控目标进行排序或取舍，一般是聚焦于物价稳定与经济增长。《马斯特里赫特条约》强调"欧洲中央银行体系首要的目标是保持物价稳定。欧洲联盟的总体经济政策只有在不与物价稳定冲突的前提下才能获得支持"。美国则将增长稳定和物价稳定这两个目标放在相对平等的地位。相比之下，中国特色宏观调控的目标更加多元化，除了"稳增长"和"防通胀"等短期目标之外，还兼顾"调结构""防风险""促改革""惠民生"等中长期发展目标。同时，政府根据当时形势的需要，还曾将淘汰落后产能与抑制房价过快上涨等列入到宏观调控的目标之中。

第二，中国特色宏观调控的工具种类多样，不局限于西方经济学所建议的货币政策与财政政策。 国外宏观调控体系主要包括货币政策和财政政策，2008 年全球金融危机之后，又纳入了宏观审慎政策。相比之下，中国特色宏观调控所包含的政策工具较多，不仅包含货币政策、财政政策和宏观审慎政策，还十分重视对产业政策的运用，以及与产业政策紧密相关的区域政策、消费政策及投资政策等。丰富的调控工具使得中国特色宏观调控的空间更加充裕。比如，2008 年国际金融危机以来，欧美国家只能使用货币政策和财政政策应对经济下滑，导致政策空间被大幅压缩。以货币政策为例，为应对 2008 年全球金融危机，美联储迅速将利率降至零，常规货币政策空间基本丧失，不得已只能使用量化宽松和前瞻性指引等非常规货币政策工具。与之形成鲜明对比的是，中国特色宏观调控的多样化调控工具提供了更加充裕的操作空间，在有效应对了 2008 年国际金融危机之后政策空间依然较为充裕，政策利率水平远高于零，政府债务率也显著低于欧美国家。

第四章　借鉴《道德经》，以宏观政策"三策合一"为主线创新和完善中国特色宏观调控

第三，中国特色宏观调控注重相机调控，不局限于西方经济学所建议的按既定规则进行调控。在西方经济理论的指导下，从 20 世纪 80 年代开始，澳大利亚、加拿大、西班牙、瑞典和英国等国家的宏观调控主要是遵循单一规则，实行单一的通货膨胀目标制，即对通货膨胀率设定一个目标范围，当通货膨胀率偏离目标时再进行政策调整。宏观调控遵循单一规则的好处在于，可以让公众更好地预期到政策操作，提高政策透明度，但弊端在于难以对经济波动及时作出反应。相比之下，中国特色宏观调控在实际操作中是在"稳增长"、"稳物价"与"防风险"等多个目标之间相机调控以达到最优的政策效果。比如，2008 年全球金融危机爆发之前，中国宏观调控的首要目标是"稳物价"，随着全球金融危机的爆发，中国宏观调控的首要目标迅速调整为"保增长"，并进行了针对性的政策调整。在宏观调控的有力作用下，中国也成为 2008 年全球金融危机之后最快恢复的主要经济体。从现实情况来看，以相机调控方式为主的中国特色宏观调控具有更好的灵活性与前瞻性，对经济运行的调控效果显著好于西方国家。

第四，中国特色宏观调控的协调性更强，不局限于西方经济学所建议的央行独立性理论。西方国家较为强调各政策制定部门的独立性，对待政策协调的态度较为谨慎。这主要是因为，西方国家缺少统筹领导央行和财政部等政策制定部门的体系或机制，从而使得货币政策和财政政策难以真正有效地协调。与西方国家不同，中国宏观调控十分重视政策之间的合理协调，践行以人民为中心的新发展理念，因而避免人民所厌恶的恶性通胀，这是与西方经济学所建议的央行独立性的主要不同点。党的十四届三中全会早就明确提出，要健全宏观调控体系，"建立计划、金融、财政之间相互配合和制约的机制，加强对经济运行的综合协调"①，此后中央在重要会议和文件中多次强调要加强政策之间的协调。党的二十大报告更是提

---

① 中共中央关于建立社会主义市场经济体制若干问题的决定．北京：人民出版社，1993：14.

出"健全宏观经济治理体系，发挥国家发展规划的战略导向作用，加强财政政策和货币政策协调配合，着力扩大内需，增强消费对经济发展的基础性作用和投资对优化供给结构的关键作用"[①]。中央财经委员会及其办公室具有宏观政策协调能力。国家发展改革委是中国宏观调控的核心主导机构，从而能够更好地对央行、财政部等政策制定部门进行良好有效的统筹协调，使得各类政策在完成各自调控任务的基础上能够相互协调，共同实现调控目标。

2. 优势

从西方国家的增长经验来看，经济的高增长往往会与经济的高波动相伴出现，一段时期的经济高增长之后通常会出现较长时期的经济萧条。比如，20世纪80年代中期至21世纪初的二十余年中，美国经济进入了"大缓和"时期，当时美国学界与政策制定者普遍认为"驯服"了经济周期，但事实却是美国在2007年爆发了次贷危机并快速演化为2008年的全球金融危机，从而导致美国乃至全球经济增速大幅下滑，至今仍未彻底摆脱危机的影响。然而，在改革开放以来中国经济的高增长过程中，很少出现经济的大起大落。中国特色宏观调控的作用功不可没。具体而言，在改革开放以来的四十余年中，中国特色宏观调控呈现出三点显著优势。

第一，在常规时期，中国特色宏观调控具有更强的逆周期调节能力。平抑经济短期波动是宏观调控的核心任务，改革开放之后尤其是1992年以来，随着中国宏观调控的逐步建立，宏观政策调节短期经济波动的能力不断增强，使得中国经济的波动性显著低于其他经济体。1992—2019年，中

---

① 习近平. 高举中国特色社会主义伟大旗帜 为全面建设社会主义现代化国家而团结奋斗：在中国共产党第二十次全国代表大会上的报告. 北京：人民出版社，2022：29.

国经济增速的离散系数①仅为0.25。同期，全球GDP增速的离散系数为0.42，其中，发达经济体高达0.63，新兴经济体也达到了0.35。具体到代表性国家来看，美国为0.59、日本为1.97、德国为1.36，都显著高于中国。中国经济增速波动性低的特征凸显出中国特色宏观调控强大的逆周期调节能力。

更难能可贵的是，在中国特色宏观调控强大的逆周期调节能力下，中国经济实现了经济增速的平稳换挡。国际经验表明，当一个国家或地区经历了高速增长阶段后，都会出现增速换挡现象。这主要是因为，随着一国经济体量的持续增长与技术水平不断接近世界前沿，其经济增长动力会有所减弱。从实际情况来看，不少经济体在增速换挡时期都出现了经济增速快速下滑，由此导致经济出现了大幅波动。例如，日本1950—1972年的平均经济增速高达9.7%，而1973—1990年则迅速回落至4.3%，1990年至今更是下降至1.0%以下，在这三个阶段，日本经济增速的离散系数也由0.4上升至0.5，然后进一步攀升至1.9的高位。再如，韩国1961—1996年的GDP年均增速为8%，之后迅速回落到4%左右。相比之下，中国则实现了平稳的经济增速换挡，由1992—2012年年均10%的高速增长转为2013—2019年年均7%的中高速增长，不仅没有出现经济失速的状况，而且经济增速的离散系数更是从0.2下降至0.1的低位。中国经济之所以能够平稳换挡，中国特色宏观调控体系发挥了重要作用。2013年以来，中国特色宏观调控体系不断完善与创新，针对经济形势发生的深刻改变，采取区间管理、定向调控与相机调控相结合的调控方式，将需求侧管理与供给侧结构性改革有效统筹，增强了宏观调控的前瞻性、灵活性与针对性，保证了经济的平稳运行。

---

① 离散系数为标准差与平均数的比值。离散系数大，说明样本数据的离散程度大；离散系数小，说明样本数据的离散程度小。

第二，在面对危机冲击的特殊时期，中国特色宏观调控具备强大的反危机能力。西方国家在经济与金融危机的冲击下，往往会陷入较长时间的经济增长低迷或者衰退之中。比如，大萧条导致美英等国家在20世纪30年代陷入长达数年的衰退之中。相比之下，中国特色宏观调控强大的反危机能力，能够使中国较好地应对经济与金融危机的冲击。面对20世纪90年代末亚洲金融危机的冲击，中国在1998年和1999年依然实现了7%以上的中高增长，而韩国、日本等国家均出现了负增长。在2008年全球金融危机的冲击下，中国是全球主要经济体中率先恢复的国家。2020年在新冠肺炎疫情的巨大冲击下，中国更是全球唯一能够实现经济正增长的主要经济体。

中国特色宏观调控强大的反危机能力源于其自身的特点。以2008年全球金融危机为例，中国特色宏观调控充分发挥了自身优势进而有效地应对了危机，突出体现为两个方面。一是相机调控，反应迅速。在全球金融危机爆发之后，中国宏观政策结合实际情况迅速调整目标，在2008年中期由"控总量、稳物价、调结构、促平衡"调整为"保增长、控物价"，进而又在2008年第四季度将首要调控目标明确为"防止经济增速快速下滑"。二是财政政策、货币政策和产业政策等不同政策多管齐下。就财政政策而言，2008年11月5日，中央制定了大规模的刺激计划，两年内向保障性住房建设、汶川灾后重建以及基础设施建设等领域投入了4万亿元的财政资金。就货币政策而言，2008年9月至12月的4个月内，央行5次下调金融机构存贷款基准利率，4次下调存款准备金率。就产业政策而言，国务院于2009年陆续出台了十大产业振兴规划与七大战略性新兴产业等产业规划及相关实施细则。在宏观政策的积极应对下，中国成为全球范围内复苏最快的主要经济体，GDP增速在2009年一季度下降至6.2%的低位后开始企稳回升，全年增速达到了9.1%。同期，全球经济处于衰退困境之中，平均经济增速只有－0.5%。2010年中国经济增速更是进一步回升至10.3%，接近全球金融危机前的水平。

第三，中国特色宏观调控兼顾短期需求侧和长期供给侧，能够形成双轮驱动的经济增长方式。需求侧和供给侧是宏观调控的两种方式，通常需求侧的调控是基于总量层次，而供给侧调控则基于结构层次。西方国家的宏观调控更加侧重于需求侧，对供给侧有所忽视。但实际上，需求侧与供给侧的宏观调控并不是完全割裂的，需要统一的协调和配合才能更为有效地实现宏观调控目标。正如习近平总书记指出的那样："纵观世界经济发展史，经济政策是以供给侧为重点还是以需求侧为重点，要依据一国宏观经济形势作出抉择。放弃需求侧谈供给侧或放弃供给侧谈需求侧都是片面的，二者不是非此即彼、一去一存的替代关系，而是要相互配合、协调推进。"① 党的十八大以来，中国特色宏观经济调控机制的一大鲜明特征就是将总需求管理与供给侧结构性改革有效协调统筹，从而更好地实现了经济增长目标、就业目标、通货膨胀目标等宏观经济目标的协调。这是对西方宏观政策理论的重要突破，中国成功的政策实践也为这一理论创新提供了坚实的现实基础。

中国之所以取得经济增长奇迹，很重要的一点原因在于总需求—总供给双轮驱动增长方式。中国的投资占国内生产总值的比例远高于美国和欧洲诸国，投资累积而成的资本积累在增长核算中对经济增长的贡献也同样高得多。这样形成的增长方式由于同时增加了供给和需求，因此高增长的同时不会有过高的通胀，这就是中国式大缓和的根本性原因。当然，要看到这种增长方式在有利外部条件下运行效果更好，也要看到投资效率可能在下降的事实，如此才能在新的外部环境下和重构双循环新发展格局下，

---

① 习近平. 在省部级主要领导干部学习贯彻党的十八届五中全会精神专题研讨班上的讲话. 北京：人民出版社，2016：31.

对中国经济增长方式进行守正创新式的调整。

总的来说，建立在中国特色社会主义市场经济体制基础之上的中国特色宏观调控的主要优势在于，中国宏观调控不仅包含对短期经济波动的逆周期调节，而且还包含对长期经济增长与经济结构的调节与优化，也即包含有稳定政策、增长政策和结构政策的宏观政策"三策合一"政策体系。抓住这一点，才能坚持中国自己的真优势，找出真问题和应对的真策略。

三、中国特色宏观调控的不足

中国特色宏观调控一直在与时俱进、守正创新，但仍存在一些不足之处需要进一步完善。

1. 宏观调控的目标体系尚待优化

中国宏观调控承担的任务较多、目标较为宽泛。回顾近十年的宏观调控目标，2012年宏观政策目标定位于"稳增长、调结构、管理通胀预期"，2013年调整为"稳增长、转方式、调结构"，2014年是"稳增长、调结构、促改革"，2015年是"稳增长、调结构、转方式"，2016年扩充为"稳增长、调结构、惠民生、防风险"，2017—2019年则进一步扩充为"稳增长、促改革、调结构、惠民生、防风险"。2020年宏观政策目标再度扩充，确定为"六稳"，即"稳就业、稳金融、稳外贸、稳外资、稳投资、稳预期"。

宽泛的调控目标很容易导致宏观调控效率低下、政策协调成本过高等问题。其一，根据著名的丁伯根法则，政策目标数量不能多于能够有效调节政策目标的工具数量，否则很容易造成政策设计顾此失彼，从而导致调控效率低下。例如，传统的货币政策属于总量政策，在通常条件下能对总量目标进行有效调节，但较难对经济结构产生显著的调节作用。如果使用传统货币政策来兼顾总量目标和结构目标，那么货币政策便很容易导致总量目标调节不足而结构目标调节效率不佳的问题。其二，即便有效政策工具的数量相对充足，过多的调控目标仍然会面临政策囚徒困境，从而导致政策协调成本过高。由于政策工具与政策执行的专业性，不同类型的政策工具一般需要不同政策机构进行设计与执行。每个机构在政策设计的过程中往往容易忽视政策之间的相互影响。因此，不同机构所出台的政策也很容易产生调控效果相互抵消的现象，导致预设调控目标无法达成。以诺德豪斯为代表的研究者指出，以往货币政策决策部门的目标函数中往往不考虑财政赤字率，财政政策决策部门的目标函数也不考虑通货膨胀，从而容易导致高赤字率与流动性不足的局面[1]。尤其当调控目标越多时，出现上述政策囚徒困境的可能性也会随之上升，政策协调成本也越发加大。

2. 政策工具需要优化

就货币政策而言，数量型工具有所失效，价格型工具尚不健全，因此在一定程度上处于"双失效"局面。数量型工具方面，我国曾长期将 M2 作为数量型中介目标，随着金融创新的发展，M2 作为中介目标的有效性正在不断下降，尤其是 M2 与最终目标的相关性越来越弱。在此情形下，中央自 2016 年以来增设社会融资规模这一新的数量型中介目标。目前社会融资规模的有效性的确优于 M2，但是随着金融创新的不断发展，其有效性同样已经呈现出下降趋势，因为它难以涵盖金融创新过程中不断涌现的新型融资方式。价格型工具方面，虽然央行已经彻底取消了对贷款利率下限和存款利率上限的管制，并且开发了多种新型货币政策工具，但是利率

---

[1] Nordhaus D. Marching to different drummers: coordination and independence in monetary and fiscal policies. Cowles Foundation Discussion Paper, 1994, No. 1067.

市场化进程并没有完成。因为中国的银行业仍然主要由四大国有银行构成，在这样的银行业结构下形成的利率仍然会体现政府的干预与管制。

就财政政策而言，支出端主要依靠拉动基建投资，但是其效果已经减弱，收入端的非税工具（多种名义的"费"和"基金"）有时会加重企业负担。在支出端，理论上，应该使用财政资金带动企业投资（尤其是民营企业和中小企业投资）和居民消费。对中国而言，由于收入分配结构失衡和社会保障体系不够完善等结构性问题的存在，财政政策对居民消费的作用效果有限。相比之下，中央在很大程度上所依赖的工具，是使用财政资金拉动基建投资。这高度依赖于地方政府配套资金的能力，近年来随着地方政府债务监管的加强，其资金配套能力明显减弱，财政支出对基建投资的拉动效果也明显减弱。在收入端，虽然中央持续推进减税降费，但是一些尚存的非税工具仍然会给企业带来额外负担。一些地方政府仍然以多种"费"和"基金"的名义广泛筹集非税收入。不仅如此，为了筹集资金，一些地方政府还频频征收"过头税"。这些都在一定程度上弱化了中央采取税收工具为企业减负的效果。

就宏观审慎政策而言，尽管我国宏观审慎政策体系构建的探索一直处于世界靠前地位，但目前尚未形成成熟的操作体系，宏观审慎政策的执行仍然面临不少困难与挑战。其一，宏观审慎政策决策不仅需要宏观数据，更需要大量的微观和金融市场信息，高质量的金融数据是制定宏观审慎政策的前提。但是，我国金融统计数据仍未能与宏观数据形成整合的信息平台，削弱了宏观审慎政策决策信息的准确性，从而不利于宏观审慎政策逆周期调节关键能力的充分发挥。其二，金融稳定目标体系缺乏明确层级与可指数化指标，这容易导致政策操作的随意性和决策行为的不稳定性。虽然资产价格和信用利差等变量能够部分反映金融市场的状况，但它们缺乏足够的代表性、稳定性和可靠性，所以并不适合作为宏观审慎政策的钉住

第四章 借鉴《道德经》，以宏观政策"三策合一"为主线创新和完善中国特色宏观调控

对象。

3. 政策执行与政策落实有待改进

财政政策执行与落实方面存在的问题主要包括两方面。**第一，囿于中国财政预算管理体制的约束，财政政策在执行过程中经常表现为前半年发力不足，年底突击花钱。**2000—2014 年间，每一年前三季度财政支出执行进度的平均值只有 64%，2015—2019 年提升到 75.5%，但是 2020—2021 年再次下降到 71.2%。这意味着，第四季度有大量的资金需要支出。但是财政资金从支出到收到成效存在一定的时滞，这会削弱财政政策在当前的效果，并且可能会对下一年政策力度的决定造成干扰甚至是导致误判。

第二，部分政策尤其是减税降费政策落实不到位。自 2008 年国际金融危机以来，中央通过结构性减税、"营改增"等举措持续为企业减负。由于经济下行压力持续存在，地方政府的财政收入增速不断放缓，但是财政支出有增无减，导致地方政府部门面临较为严峻的财政压力。在此情形下，部分地方政府部门通过"费"或者"基金"等形式筹集非税收入，导致不少政策难以落实到位，从而加剧了企业尤其是民营企业和中小微企业的非税负担。《中小企业税收发展报告》指出，2011 年国务院将小微企业所得税减半征收标准由 3 万元提高至 6 万元，然而多达 83% 的小微企业未享受到该优惠。

4. 政策协调有待加强

客观上看，与西方宏观政策体系相比，中国特色宏观调控体系更加注重宏观政策的协调。在党中央的统一领导下，财政部、央行等政策制定部门可以进行良好的统筹协调，在完成各自调控任务的基础上能够相互协

调，共同实现调控目标。从实践来看，中国通过有效的宏观政策协调抵御了20世纪90年代末亚洲金融危机与2008年国际金融危机等多次外部冲击，保持了经济的稳定运行，体现了中国宏观政策良好的协调性。但同时也应该看到，近年来中国宏观政策的协调性出现了一定的下降，主要表现为以下三方面问题。

第一，多目标下宏观政策的各项政策工具分工不够明确，货币政策与财政政策承担了过多的任务与目标，导致协调效果欠佳。

改革开放以来，中国逐步形成了多目标、多工具的特色宏观调控体系。随着中国经济步入高质量发展阶段，中国宏观政策目标更加多元化，强调稳定、增长、发展等多方面的统筹。然而，在多目标要求下，中国宏观调控体系的调控工具反而越来越聚焦于货币政策和财政政策之上。这使得在政策实践中宏观调控看似可以实施多种工具进行调控，但实际上货币政策和财政政策承担了过多的目标任务。由此导致的结果就是，货币政策和财政政策不仅难以完成稳增长等核心任务，而且被赋予的调结构、促发展等其他任务也难以较为妥善地完成，政策协调效果自然不佳。

以2021年为例，中国面临经济下行压力加大、PPI持续攀升的结构性通胀压力与宏观杠杆率居于高位的局面。如果要发挥中国宏观调控体系的政策协调优势，应该是货币政策和财政政策积极发力应对下行压力，着力扩大总需求；针对PPI持续攀升的结构性通胀压力，不应过多地用货币政策予以应对，需要依靠产业政策与行政措施进行调控；针对宏观杠杆率上升问题，短期内应借助宏观审慎政策和金融监管政策，长期中则需要依靠深化供给侧结构性改革和需求侧管理等结构性改革。但实际情况是，货币政策和财政政策受到了"保持宏观杠杆率基本稳定"和"保持物价水平总体稳定"等多目标的掣肘，导致货币政策与财政政策力度均有所不足，没有较好地形成合力，从而没有较好地完成稳增长任务，中国经济进一步面临"三重压力"。

第二,货币政策与财政政策的协调机制出现堵点,高债务压力下地方政府由以往促进协调的正反馈关键环节转变为负反馈阻碍环节。

与西方国家货币政策与财政政策的协调机制不同,地方政府是中国货币政策与财政政策协调机制中的关键一环。以往中国货币政策与财政政策协调较好的一个重要原因在于,在政策传导过程中地方政府在稳增长目标与晋升考核等方面的激励下,会通过土地财政或融资平台等方式筹集大量资金进行基础设施等领域的投资。这既有效配套了积极财政政策的落实,对经济形成了较强刺激作用,又有效推动了货币政策释放的资金转化为实体经济投资,从而实现了财政政策与货币政策的较好协调,带动了经济增长。也正是基于上述特殊的协调机制与地方政府的特殊作用,中国长期以来采取的是财政政策为主、货币政策为辅的协调方式,与西方货币政策为主的调控方式有明显不同。

然而,随着地方政府土地财政模式的难以为继与债务压力的持续攀升,财政政策与货币政策的上述协调机制不再通畅。一方面,现阶段在高债务压力下,地方政府的举债融资更多是为了偿还债务,而非主要用于实体经济的投资。另一方面,高债务下地方政府持续地"借新还旧",需要大量的新增融资,由此会对企业部门可获得的借贷资金形成较为显著的挤占,从而也阻碍了货币政策释放的资金转化为实体经济投资。可见,在高债务压力下地方政府已经从以往促进财政政策与货币政策协调的关键环节,转变为阻碍财政政策与货币政策协调的突出环节,这一点需要高度重视并予以有效应对。

第三,固定在年末或年初制定新一年宏观政策协调方式的决策机制,会导致政策周期与经济周期不匹配,从而影响协调效果。

长期以来,中国通常是在年末的中央经济工作会议与年初的《政府工作报告》中确定新一年的宏观政策总基调以及财政政策与货币政策的协调组合。这一政策制定机制具有一定的优势，但面对复杂多变的国内外经济环境，会带来两方面突出问题。其一，经济周期并不是以自然年进行划分，而是有其内在运行规律，这就容易导致政策周期与经济周期不匹配[①]。这导致中国特色宏观调控具有的可以兼顾相机调控和规则化调控的特色优势没有得到充分发挥。其二，由于货币政策和财政政策的时滞明显不同，在年末或年初制定两者的政策协调方式，会导致在实施过程中两者的发力阶段难以较好统一，从而影响政策协调效果。尤其是对于财政政策而言，虽然年初就会制定财政政策的实施方案，但财政政策往往都会呈现上半年执行偏慢、下半年加速执行的特点，这使得本年的财政政策效果实际上在下一年才会有较为明显的显现。这也导致财政政策与货币政策难以较好地协调。2021年中央经济工作会议针对财政政策提出的"适度超前开展基础设施投资"的要求，实际上也从侧面反映了这一问题。

5. 预期管理有待健全

预期管理通过加强与公众的信息沟通来引导公众预期，从而提高宏观政策的调控效率。在西方宏观政策理论和实践中，预期管理局限于货币政策，主要是通过提高货币政策的透明度或加强前瞻性指引来引导公众预期，从而改善货币政策的调控效果。中国特色预期管理则广泛地应用于整个宏观经济治理体系之中，包括短期预期管理（除了与西方类似的货币政策预期管理，还包括财政政策预期管理）、中央通过年末召开的中央经济

---

① 以2020年和2021年为例，在疫情冲击下经济开启一个新的短期经济周期，在2020年上半年触底后开始反弹，随后在2021年上半年达到顶峰。因此，在制定2021年宏观政策时，需要充分考虑经济周期达到顶峰后的下行压力。但是在2020年末和2021年初的时点上，由于经济仍处于上升周期，政策的协调方式不能偏积极，需要选择稳健趋紧的组合，否则可能导致经济进一步触发过热风险。但客观上看，年初设定的这一政策协调方式并不能适应下半年经济周期的变化。由此就加剧了经济下行压力，导致财政政策与货币政策协调效果欠佳。

第四章　借鉴《道德经》，以宏观政策"三策合一"为主线创新和完善中国特色宏观调控

工作会议与年初《政府工作报告》实施的年度预期管理以及中央通过定期制定经济发展的五年规划与发布经济发展的远景目标所实施的长期预期管理。对于中长期规划，中国在这方面的预期管理效果良好，能够较好地引导公众对中国经济发展的中长期预期。

相比之下，短期预期管理则仍然存在不足之处。第一，就货币政策的短期预期管理而言，政策透明度相对偏低，前瞻性指引很大程度上处于缺失状态。货币政策预期管理包含提高政策透明度和前瞻性指引两个方面，央行在这两个方面的工作虽然在不断完善，但是仍然有待改进。一是政策透明度相对偏低。政策透明度主要是目标信息透明度、经济信息透明度、决策信息透明度和操作信息透明度，近年来央行在操作信息透明度方面有了明显改观，但是其他三个方面仍然存在不足。中国的货币政策目标不仅属于多目标，而且并没有在多目标中指定优先目标，导致目标透明度较低。央行尚未发布官方经济预测，也未公布用于宏观经济分析和政策分析的理论模型，导致信息透明度较低。虽然央行网站能够查阅到《中国人民银行货币政策委员会条例》、委员会职责、委员会委员以及季度例会纪要等内容，但是其中很少提及货币政策决策过程的内容，导致决策透明度偏低。二是前瞻性指引尚处于缺失状态。截至目前，中国央行还没有实施严格意义上的前瞻性指引，而主要采取的是以沟通为主要形式的定性的前瞻性指引。近几年，央行官员与市场的沟通明显增加，沟通中也对政策进行了定性指引。然而，有时候央行的指引与最终实施的政策并不完全一致[①]，从而削弱了指引效果。

[①] 一个典型事件是关于2019年9月6日的降准。2019年7月31日美联储降息25个基点，随后20多个经济体的央行先后降息。面对这一情形，中国央行官员在多个场合表态货币政策将保持定力、降准空间不大，2019年第二季度《中国货币政策执行报告》也指出要"保持定力"。基于此，市场普遍预期短期内不会降准，抑或只会有定向降准。但是，继2019年9月4日国务院常务会议明确降准后两日，央行即宣布全面降准，超出市场预期，与前期的定性指引也是不符的。

第二，就财政政策的短期预期管理而言，前瞻性指引做得较好，但是政策透明度相对偏低。历年的《政府工作报告》以及财政部预算报告[①]都会对当年财政政策整体定调，以及对财政支出和财政收入的情况设定较为明确且详细的目标，这较好地引导了市场预期，从而起到了前瞻性指引的效果。然而，财政政策在透明度方面做得还不够好。一是预算透明度不高。在国际预算合作组织调查的八种预算文件中，中国尚未制作预算前陈述、国民预算和年中审核。虽然制作了预算提案，但仅针对内部使用，并未公开发布。已经公开的预算文件中提供的信息也不够丰富[②]。预算透明度和公开性的不足使得公众无法更详细和深入地理解积极财政政策将如何落地，难以发挥监督作用。二是财政风险透明度有所不足。其中一个非常重要的表现是，地方隐性债务口径和认定标准的缺失。虽然我国财政部官方每年公布我国政府债务规模，但官方数据中并没有统计地方政府隐性债务，导致官方数据并不能准确反映我国财政风险。由于隐性债务的测算缺乏统一口径和认定标准，不同机构的测算结果差异很大。财政风险透明度的不足引发了市场对积极财政政策可持续性的担忧，在一定程度上削弱了积极财政政策的效果。

6. 政策传导效率有待提高

第一，近年来货币政策传导效率相对偏低，主要是由于一些结构性因素的存在导致企业和居民不愿意进行投资和消费活动，从而限制了货币政

[①] 财政部每年都会出台一份报告，对上一年的财政收支状况进行介绍，并对下一年的财政收支状况进行规划。例如，2021年出台的是《关于2020年中央和地方预算执行情况与2021年中央和地方预算草案的报告》。

[②] 以年终审核（决算报告）为例，2019年8月发布的2018年全国一般公共预算收入决算表仅公布了各类税收收入、各类非税收入、全国一般公共预算收入，以及全国财政使用结转结余和调入资金的预算数、决算数、决算数与预算数之比以及决算数与上年决算数之比，而没有对指标进行更为详细的解释与说明。

策对企业投资和居民消费的带动作用。

根据经济学理论,货币政策传导效率可以通过三个主要环节的通畅程度来评估。一是央行的货币政策操作对金融机构流动性的调控能力,央行可以直接调控该环节的传导。二是金融机构对企业和居民家庭发放信贷的通畅程度,央行可以通过调控资金可获得性以及资金成本间接调控该环节的传导。三是企业和居民所筹集资金是否真正用于生产性投资和消费活动,央行难以对该环节进行直接调控。

从实际情况来看,货币政策在第一环节和第二环节的传导效率相对较高,但是在第三环节的传导效率明显偏低。其一,在数量型和价格型货币政策的共同作用下,央行可以较为有效地调控以 DR007 为代表的货币市场利率走势,因此货币政策在第一环节的传导效率相对较高。其二,流向房地产等虚拟经济领域的新增信贷显著减少,流向工业等实体经济领域的新增信贷显著增加,因此货币政策在第二环节的传导效率明显提升。信贷资金"脱实向虚"问题在 2012 年以来饱受诟病,不过 2020 年以来这一问题逐渐得到缓解。由于中央牢牢坚持"房子是用来住的、不是用来炒的定位",流向房地产领域的信贷资金占比显著降低,流向实体经济领域的信贷资金占比显著升高。其三,企业投资和居民消费持续疲软,因此货币政策在第三环节的传导效率有待提升。

之所以货币政策在第三环节的传导效率相对偏低,并非完全由货币政策本身的问题所致,因为货币政策已经将资金从金融系统借贷到企业和居民手中,但是一些结构性因素的存在导致企业和居民不愿意进行投资和消费活动。一是实体经济投资回报率偏低导致企业不愿投资。由于民间投资在教育、医疗、金融等行业面临进入门槛,大量资金集聚在产能本就过剩的第二产业,导致投资回报率处于低位,降低了企业投资意愿。二是教育、医疗和社会保障体系不够完善导致居民预防性储蓄动机较强,不敢贸然消费。疫情冲击加大了居民收入的不确定性，导致居民预防性储蓄动机进一步加强。三是收入分配结构失衡，中低收入阶层收入水平偏低，而中等收入群体是社会消费的主力军，这是导致居民消费长期低迷的重要原因之一。

第二，财政政策对消费的带动作用始终不高，对投资尤其是基建投资的带动作用明显下降，因此财政政策传导效率同样偏低。

从大宏观视角可以更好理解中国财政政策的效率问题。财政政策扩大总需求的通常方式主要有增加政府支出、减税增加消费需求。中国还存在扩大投资的第三种重要方式，即基建投资等政府投资。短期来看，投资属于总需求，但随着时间推移，大量投资所积累的存量资本属于总供给的重要生产要素。加入世贸组织后的十多年，存在有利的外部环境，出口导向的高投资发展模式能够以总需求—总供给双轮驱动方式促进中国经济高速增长，单从数字来看，财政政策会呈现出较高的效率。然而，一旦外部环境转为不利，以上机制也会致使财政政策呈现出效率下降的问题。因此，不能简单地认为中国经济高速增长阶段的财政政策传导效率问题被高增长数字给掩盖了，也不能简单地仅仅从财政政策本身来分析判断效率问题。

可以根据财政政策对投资和消费的带动效果来判断财政政策的传导效率。就消费而言，由于收入分配结构失衡和社会保障体系不够完善等结构性问题的存在，财政政策对中国居民消费的作用效果有限。一方面，收入分配结构有所失衡，中低收入群体的收入占比和收入增速相对偏低，但是中低收入群体是消费的主力群体，由此使得居民消费整体而言有所不足，表现为中国的居民部门消费率长期相对偏低。另一方面，教育、医疗、养老等领域的社会保障体系有待进一步完善，居民的预防性储蓄动机仍然较强，从而进一步限制了居民部门的消费能力。

第四章　借鉴《道德经》，以宏观政策"三策合一"为主线创新和完善中国特色宏观调控

与消费相比，财政政策对投资尤其是基建投资的带动效果更加突出，但是近年来却明显减弱。基建投资是中国固定资产投资的重要组成部分，在全社会资本存量中，基建资本存量占比高达25%左右，而在美国、法国等发达经济体该指标仅为10%左右。很长时间以来，中央和各级地方政府都将基建投资作为稳增长的重要力量。2013—2017年基建投资累计同比增速的平均值为19.7%，比全社会固定资产投资增速高出7.6个百分点。但是，2018年之后，在财政政策力度明显加大的情况下，基建投资不仅不再拉动反而越来越"拖累"全社会固定资产投资的增长。2018—2021年，全年赤字率分别达到了4.6%、5.6%、8.6%和5.2%，但是基建投资累计同比增速却只有3.8%、3.8%、0.9%和0.4%，明显低于全社会固定资产投资增速。财政政策对基建投资的带动作用正在不断减弱，这主要源于地方政府为了防范政府债务风险而难以再持续提供基建投资配套资金。

四、创新和完善中国特色宏观调控需要强调中国特色和一般性

创新和完善中国特色宏观调控需要从两个方面入手，缺一不可。这两个方面也是改革中国特色宏观调控需要坚持的两大原则。

第一，通过吸收《道德经》等中华优秀传统文化，来强调中国特色宏观调控的中国特色，以改善宏观调控的效果。

习近平总书记在2016年5月17日的哲学社会科学工作座谈会上指出："中华民族有着深厚文化传统，形成了富有特色的思想体系，体现了中国人几千年来积累的知识智慧和理性思辨。这是我国的独特优势。"[1] 党的十九届六中全会审议通过的《中共中央关于党的百年奋斗重大成就和历史经

---

[1] 习近平. 在哲学社会科学工作座谈会上的讲话. 北京：人民出版社，2016：17.

验的决议》指出，吸收中华优秀传统文化、坚持理论创新是中国共产党百年奋斗的重要历史经验，"党之所以能够领导人民在一次次求索、一次次挫折、一次次开拓中完成中国其他各种政治力量不可能完成的艰巨任务，根本在于坚持解放思想、实事求是、与时俱进、求真务实，坚持把马克思主义基本原理同中国具体实际相结合、同中华优秀传统文化相结合，坚持实践是检验真理的唯一标准，坚持一切从实际出发，及时回答时代之问、人民之问，不断推进马克思主义中国化时代化"[①]。习近平总书记在2022年4月25日视察中国人民大学时着重强调，"要坚持把马克思主义基本原理同中国具体实际相结合、同中华优秀传统文化相结合"[②]。

中国特色宏观调控理论是中国理论创新的标志性内容。西方国家宏观经济政策的实践与理论根植于成熟的自由市场经济体制，与之不同，中国特色宏观调控是在社会主义市场经济制度建立与完善的过程中逐步形成的，体现了非常鲜明的特征与非常显著的优势，这也是中国特色宏观调控的成功经验之所在。中国特色宏观调控体系是中国经济取得举世瞩目伟大成就并顺利实现第一个百年奋斗目标的重要支撑和保障，也是未来顺利实现第二个百年奋斗目标的关键，这决定了中国特色宏观调控是中国经济不可或缺的核心内容和重要组成部分。因此，通过吸收中华优秀传统文化来强调中国特色宏观调控的中国特色和彰显独特优势，是创新和完善中国特色宏观调控的重要举措。中华优秀传统文化在世界文化之林独领风骚，几千年来成就卓越，著述星河灿烂，而《道德经》就是其中最闪亮的星星之一。

文化传承的力量，久久为功，隐而显著。现代经济学做了大量的实证

---

① 中共中央关于党的百年奋斗重大成就和历史经验的决议. 北京：人民出版社，2021：66-67.
② 习近平在中国人民大学考察时强调：坚持党的领导传承红色基因扎根中国大地 走出一条建设中国特色世界一流大学新路. 人民日报，2022-04-26.

研究，证明了文化传统确实可以影响经济表现。《道德经》思想通过数以百计的俗语成语和名言警句已经融入了中国人的文化血液。因此，科学借鉴与吸收《道德经》优秀传统文化思想与智慧，就能更好地理解人的行为，更好地创新与完善宏观调控模式，更好地促进中国经济高质量发展。

第二，通过构建宏观政策"三策合一"理论框架，来强调中国特色宏观调控的一般性，以提高宏观调控的学理性和增强国际对话能力。

基于中国实践，在国际性通用语言体系下，提炼出可复制可推广的一般性宏观调控理论与政策框架。把具体做法上升到理论，不只是有助于推广中国特色宏观调控以供广大发展中国家参考借鉴，更为重要的是，可以在基准框架下逐步完善中国特色宏观调控，这类似于有了化学理论体系后才能从低效炼丹术走向高效现代化学工业。一种初步探索就是笔者近年来尝试着提出的宏观政策"三策合一"新理论框架，将稳定政策、增长政策和结构政策纳入统一的理论框架，消除产出缺口和长期潜在增速缺口，促使实际经济增速、长期潜在增速和最优经济结构下的潜在增速合理水平三者趋于一致，从而实现最优经济结构下的短期平稳运行与长期稳定增长。新理论框架具有理论一般性和政策实践普适性，可以较好地解决中国和世界各国所面临的宏观政策系列难题。宏观政策"三策合一"新理论框架作为中国经济学理论的有机组成部分，可以为全球宏观经济治理提供中国智慧与中国方案。

五、中国特色宏观调控改革的具体任务

基于宏观调控一般性九大理念、宏观政策"三策合一"理论框架、《道德经》宏观治理宝贵思想与中国宏观调控成功实践，中国特色宏观调控的改革具体任务如下。

1. 优化宏观调控目标

《道德经》蕴含了减少政策目标的思想。调控目标过多易导致迷惑，不如锚定少量目标。《道德经》第二十二章说："曲则全，枉则直，洼则盈，敝则新，少则得，多则惑。是以圣人执一为天下式。"第五章说："多言数穷，不如守中。"个人目标太多，会因乱而导致难以实现。国家治理与宏观调控也是如此。宏观调控不能锚定过多目标。著名的丁伯根法则指出，宏观调控目标数量要匹配工具数量。因此，过多的宏观调控目标会导致没办法找到足够数量的调控工具进行匹配，从而导致调控失效。而且，为额外目标寻找有效的新工具在政策实践上通常也是不容易的。

中国宏观调控目标与西方国家存在显著不同，因而不能照搬西方宏观政策理论仅聚焦于短期经济波动。但是，宏观调控的目标范围也不能过于宽泛，否则会再次出现"宏观调控是个筐，什么都往里装"的问题。要想有效实施宏观调控，需要制定科学合理的目标体系。宏观调控的目标体系可以划分为三个维度：稳定目标、增长目标与结构目标。在实践中，可以按照主次搭配的原则对宏观调控目标进行设定。稳定目标是宏观调控的主要目标，增长目标和结构目标可以作为中长期的约束目标。

就各维度的目标内涵而言，稳定目标主要是指经济稳定目标和金融稳定目标，而且经济稳定目标又包括短期经济稳定和长期经济稳定两类目标。之所以要包含长期经济稳定目标，是因为当潜在增速存在内生决定因素时，名义刚性会导致潜在增速无效调整，进而导致潜在增速显著偏离中长期结构因素处于最优状态时所对应的合理增速，亦即出现潜在增速缺口。由于存在产出缺口与潜在增速缺口的权衡取舍关系，稳定政策需要对潜在增速缺口作出必要反应。因此，需要将长期稳定目标纳入稳定目标体系。实现短期经济稳定和长期经济稳定主要依靠货币政策和财政政策,实现金融稳定主要依靠宏观审慎政策。

增长目标主要是指长期经济目标,可以包含到 2035 年人均实际 GDP 水平较 2020 年翻一番、到 2050 年人均实际 GDP 水平较 2020 年翻两番等长期经济增长的量化目标[①]。政府部门要完善增长目标,主要是使用产业政策和人力资本政策等增长政策,提升潜在增速水平。

结构目标主要包括总需求结构、总供给结构、收入分配结构、债务结构、产业结构等方面的目标。政府部门可以基于结构失衡的具体表现,有针对性地选择适用的结构政策,帮助经济体摆脱结构失衡局面并调整至最优经济结构。最优经济结构之下,潜在增速才能够达到其合理水平,既有助于维持短期内的经济稳定,也有助于更好地促进经济体的长期增长与发展。

2. 加强宏观政策协调

针对近年来中国宏观政策协调出现的问题,主要有以下三方面改进思路。

第一,多目标下宏观政策要明确分工,通过加强宏观政策"三策合一",更好地实现经济平稳运行。 对于宏观政策稳定、增长、结构三大类目标,仅依靠货币政策与财政政策的协调难以实现,必须要实现广义的宏观政策协调。理论上对于各类宏观政策有明确的区分。第一类是以货币政策和财政政策为核心的稳定政策,对应于稳定目标。主要是应对短期经济波动,对总需求进行调节。2008 年国际金融危机之后,宏观审慎政策成为稳定政策的另一大工具。第二类是增长政策,对应于增长目标。主要目标是促进一国的国内生产总值或国民收入实现长期增长。主要包括促进资本

---

① 刘伟,陈彦斌. 2020—2035 年中国经济增长与基本实现社会主义现代化. 中国人民大学学报,2020(4):54-68.

积累和劳动数量积累等要素积累的传统要素市场政策、促进人力资本积累的教育政策和劳动市场政策、促进技术进步的科技与经济政策。第三类是结构政策，对应于结构目标。主要是为了打破结构黏性和各类失衡结构之间的嵌套循环，从而避免结构失衡的不利后果，并力图实现最优经济结构所使用的宏观经济政策。

当前中国宏观调控体系虽然包含了稳定政策、增长政策、结构政策三类政策，但仍处于相对分离的状态，没有实现有效的合一。未来宏观政策要实现稳定、增长、结构三大类目标，必须要有效实现宏观政策"三策合一"。加强三大类宏观政策的长短期配合，短期稳定政策为长期增长政策和结构政策的实施营造平稳环境，长期增长政策和结构政策为短期稳定政策的实施消除制度性和结构性障碍从而提高稳定政策的调控效率。

以中国经济面临的"三重压力"为例，仅依靠货币政策和财政政策难以较好地应对，反而会继续陷入顾此失彼的困境，效果不佳。要有效应对"三重压力"，需要宏观政策"三策合一"。货币政策和财政政策等稳定政策的核心任务是扩大总需求，通过货币政策与财政政策的有效协调，应对需求收缩的压力。结构政策的核心任务是应对供给冲击所带来的结构性压力，畅通国民经济循环。增长政策的核心任务是提升长期经济增长动力，增强公众信心，以应对预期转弱的压力。秉持宏观政策"三策合一"新调控思路，促使稳定政策、结构政策与增长政策加强协调、形成合力，能够更好地应对中国经济发展所面临的"三重压力"。

第二，加快构建以中央政府发行国债为枢纽的财政政策和货币政策协调新机制。 以往财政政策与货币政策的协调机制是以地方政府举债投资作为关键环节，但这一机制不再通畅，中国亟待重构财政政策和货币政策协调的新机制。以中央政府发行国债取代地方政府举债是一个既可行又十分有必要的途径，主要有以下几方面原因。其一，与地方政府债务高企不同，当前中国中央政府的杠杆率尚处于较低水平，且大部分债务以内债为主、安全性较高，因而具有较为充裕的加杠杆空间。其二，由于中国税收立法权属于中央职权，所以与地方政府举债后资金只能用于支出端不同，中央政府举债后的资金可以用于弥补收入端削减税负带来的赤字，从而更有利于财政政策发挥作用。其三，与地方政府举债会挤占私人部门资金不同，发行国债会增加基础货币的投放，从而可以配合货币政策释放流动性，提升财政政策与货币政策的协调性。因此，未来中国需要加快构建以中央政府发行国债为枢纽的财政政策和货币政策协调新机制。加快完善国债市场，增加国债市场的广度与深度，实现国债期限结构的多样化[①]。

第三，增加宏观政策协调决策机制的灵活性与针对性，提高决策周期与经济周期的契合度。 在年末或年初制定新一年宏观政策协调方案的基础上，应提前对经济周期变化进行预判，从而灵活地对宏观政策协调进行调整。可以考虑筹建宏观经济政策协调委员会，负责统筹政策协调事宜。一方面，宏观经济政策协调委员会可以依据主次搭配的原则并结合实际情况，对决策部门进行分类，并根据主次搭配的原则统筹政策的制定。将央行、财政部和国家发展改革委视为主要决策部门，将证监会、工信部、农业部等部委视为配合部门。需要强调的是，各决策部门应该保持相对明确的分工，以保证独立性与专业性。另一方面，宏观经济政策协调委员会下设独立的政策研究与评价机构，对经济运行状况、各类政策的执行情况、协调配合效果等重要事项进行深入研究以及独立客观的评价。同时，宏观经济政策协调委员会可以基于经济运行情况的变化，灵活地统筹各个决策

---

① 需要注意的是，这一新机制并不等于赤字货币化或政府债务货币化。赤字货币化指的是无视财政纪律、忽略长期预算约束的财政行为。中国政策实践中的财政部门和央行都严格遵守着财政纪律、尊重长期预算约束。通过市场化的方式发行国债，既能够为财政政策提供足够资金，又能增加货币供给，以达到财政政策与货币政策协调的效果。

部门召开会议，通过统筹协调，确定各个部门可采取的最优政策工具组合，避免不同工具之间相互干扰、相互抵消的局面。

3. 协调好供给侧结构性改革与需求侧管理

《道德经》蕴含着丰富的宏观调控结构性思想。《道德经》第二十九章说："故物或行或随；或嘘或吹；或强或羸；或培或堕。是以圣人去甚，去奢，去泰。"由于万物万众的差异性，政策不应该走极端。第四十九章倡导关爱每一个人："善者，吾善之；不善者，吾亦善之；德善……圣人在天下，歙歙焉，为天下浑其心，百姓皆注其耳目，圣人皆孩之。"第五章也是同样的观点："天地不仁，以万物为刍狗，圣人不仁，以百姓为刍狗。"第四十二章说："故物或损之而益，或益之而损。"即结构性政策有益于总体经济运行。

近年来，中央在完善宏观经济治理框架的过程中，相继提出了"供给侧结构性改革"和"需求侧管理"两个新概念。二者都不是简单照搬西方理论，也不是脱离我国实践而凭空创造出来的抽象概念，而是基于我国的实践经验、面向我国发展中存在的不平衡不充分问题提出的具有鲜明中国特色的范畴，也都具有结构性宏观政策的特征。

中央推行供给侧结构性改革最重要的意义在于，畅通国民经济循环，加快构建以国内大循环为主体、国内国际双循环相互促进的新发展格局，从而提高宏观经济治理能力。为了实现这一目标，需要供给侧结构性改革完成相应的改革任务。需要说明的是，供给侧结构性改革的主要任务并不是一成不变的，而是伴随着改革的不断深化以及国家治理体系的不断完善而进行着动态演进与调整。

要想畅通国民经济循环，下一步需要供给侧结构性改革做好四方面主要工作。

第一，深化改革，消除产能过剩的体制机制诱因，提高资源配置效率。我国的产能过剩问题呈现"屡犯屡治，屡治屡犯"的特点，其背后有着深刻的体制性根源：以 GDP 为核心的官员考核机制和事权财权倒挂的财税体制使得一些地方政府热衷于追求高增长和高税收。地方政府之间的竞争很容易导致重复建设，从而引发产能过剩。当出现产能过剩时，地方政府又往往通过补贴等方式给本应被市场淘汰的企业"输血"，从而导致产能过剩问题持续存在。供给侧结构性改革需要减少政府的不必要干预，让市场在资源配置中起决定性作用，进而在体制机制层面治理产能过剩。一是改革地方官员考核机制和财税体制，降低政府干预企业投资活动的激励，避免地方政府之间的恶性竞争和重复建设。二是消除不必要的财政补贴，通过市场的优胜劣汰机制决定企业去留。这样才能切实淘汰落后产能，提高资源配置效率。

第二，助力技术创新，增加有效技术供给，从而提高全要素生产率。党的十九大报告明确要求，"以供给侧结构性改革为主线，推动经济发展质量变革、效率变革、动力变革，提高全要素生产率"[①]。由此足以看出中央通过供给侧结构性改革增加有效技术供给从而提高全要素生产率的决心。供给侧结构性改革需要从三个主要方面增加有效技术供给。一是加大基础研究投入力度。二是加强知识产权保护力度。三是构建更加完善的科技成果转化体系。供给侧结构性改革需要健全以企业为主体的产学研一体化创新机制，让政府部门、企业和科研院所的创新成果能够尽快地投入生产，从而更加迅速地成为有效技术供给。

第三，增加有效制度供给，从而扫清企业投资与家庭消费面临的深层次障碍。由于面临一些制度性和结构性障碍，我国的企业投资以及居民消

---

① 习近平. 决胜全面建成小康社会 夺取新时代中国特色社会主义伟大胜利：在中国共产党第十九次全国代表大会上的报告. 北京：人民出版社，2017：30.

费相对不足。供给侧结构性改革需要破除制约市场主体活力和动力的体制机制障碍。一方面，通过完善融资体系和税收体系来降低中小企业和民营企业的融资成本和税费负担，并通过深化"放管服"改革来扫清中小企业和民营企业的市场进入门槛，从而激发中小企业和民营企业的投资活力。另一方面，通过优化收入分配结构提高中低收入群体的收入水平，并完善教育、医疗、养老、住房等方面的社会保障体系，打消中低收入群体的后顾之忧，有助于激发中低收入群体的消费动力。

第四，增加高质量产品和服务供给，激发居民受抑制的高品质需求，从而扩大内需。 虽然我国的部分传统产业面临产能过剩的问题，但是并不是所有产业都产能过剩，医疗等行业的高质量产品和服务供给尤为不足。越来越多的人群通过"代购""海淘"等方式购买国外产品就是有力证据。供给侧结构性改革需要解决高品质产品和服务供给不足的问题。一方面，减少医疗、教育等领域的市场进入管制，让民间资本更顺利地进入市场并享受公平的市场环境，从而增加高质量产品的供给。另一方面，提高产品质量监管标准。我国并不缺少生产高质量产品的能力，而是缺乏鼓励市场提供高质量产品和服务的标准和机制，使得低质量产品和服务挤占了市场。着力提高产品质量监管标准，才能让高质量产品能够顺利走向市场、走向消费者。

将供给侧结构性改革和需求侧管理相结合，有助于更好更快地形成"需求牵引供给、供给创造需求"的动态良性循环，助力构建以国内大循环为主体、国内国际双循环相互促进的新发展格局，从而提高宏观经济治理能力。虽然需求侧管理的重点在于需求侧，供给侧结构性改革的重点在于供给侧，但是二者都强调要消除经济中存在的结构性问题，而需求侧的结构性问题与供给侧的结构性问题是不可分割的。要想彻底优化经济结构，需要供给侧结构性改革与需求侧管理相互协调配合。一方面，供给侧结构性改革与需求侧管理相互配合才能更好地畅通国内大循环。另一方面，在供给侧结构性改革与需求侧管理的相互配合之下，我国"世界工厂＋世界市场"的新模式将进一步带动国内国际双循环，从而促进新发展格局的构建，不断提高我国的宏观经济治理能力。

4. 提高宏观调控效率

即使到今天，提升宏观调控效率的原理与机制仍然不够清晰，两千年前的《道德经》相关思想能够对提升宏观调控效率的前提、方式和结果存在有益启示。关于提高宏观调控效率的前提，《道德经》第八章说："上善若水。水善利万物而不争，处众人之所恶，故几于道。居善地，心善渊，与善仁，言善信，政善治，事善能，动善时。夫唯不争，故无尤。"处理好政府与市场的关系和坚持以人民为中心的基本定位，宏观调控工作的推进效率会较高。关于提高宏观调控效率的方式，第六十八章说："善为士者，不武；善战者，不怒；善胜敌者，不与；善用人者，为之下。是谓不争之德，是谓用人，是谓配天，古之极也。"因此，要充分调动各类人才的积极性，充分发挥资金、劳动力、人力资本、自然资源、数据新要素等各类资源的作用，做到人尽其才、物尽其用，才能真正提高宏观调控的效率。关于提高宏观调控效率的效果，第三十章说："善有果而已，不敢以取强。果而勿矜，果而勿伐，果而勿骄，果而不得已，果而勿强。物壮则老，是谓不道，不道早已。"因此，要以达到政策效果为遵循而不可强用。

当前宏观政策效率偏低，主要是由结构性问题以及企业和居民的预期转弱所致。一方面，供给结构失衡与收入分配不均衡等结构性问题使得企业投资和居民消费面临一定的阻碍，导致货币政策与财政政策难以有效带动企业投资与居民消费。另一方面，企业和居民预期转弱进一步削弱了企业投资和居民消费的动机，进而影响了宏观政策效率。要想进一步提高货币政策与财政政策的效率，需要优化经济结构并增强经济增长动力。为此，要加强稳定政策（主要是货币政策和财政政策）、增长政策与结构政策三者之间的协调配合，促进宏观政策"三策合一"。

遵循宏观政策"三策合一"的新调控思路，可以提高宏观政策效率，从而保证经济平稳运行。一是通过加大稳定政策对长期潜在增速缺口的关注，使之兼顾短期与中长期的最优增长路径，从而帮助中国经济走出潜在增速与实际增速螺旋式下滑的困境。二是通过使用增长政策挖掘资本和劳动两大"老动力"，同时增强人力资本与TFP两大"新动力"，强化经济增长内在动力，进而有效缓解衰退式资产泡沫风险与高债务风险。三是使用结构政策解决收入分配结构失衡等结构性问题，切实扩大中等收入群体规模，这既有助于缓解经济下行压力，从而促进增长政策更好地发挥作用，也有助于提高稳定政策的调控效率，从而更好地破解当前中国经济面临的复杂局面。

2021年的中央经济工作会议针对中国经济面临的"三重压力"，提出了宏观政策、微观政策、结构政策、科技政策、改革开放政策、区域政策与社会政策的"七大政策"组合。与以往通常采用的宏观政策要稳、微观政策要活、社会政策要托底的政策框架表述相比，会议将结构政策、科技政策、改革开放政策、区域政策纳入了宏观经济治理框架之中。从宏观经济理论范畴来看，会议提及的宏观政策属于狭义的宏观政策，即稳定政策；新提及的结构政策与理论层面的结构政策是一致的；微观政策、科技政策、改革开放政策和区域政策等均属于理论层面的增长政策。由此可见，2021年中央经济工作会议提出的"七大政策"组合与宏观政策"三策合一"具有内在逻辑一致性。在"七大政策"组合的基础上，进一步加强宏观政策"三策合一"，有助于切实提高宏观政策效率，让中国经济更好

第四章 借鉴《道德经》，以宏观政策"三策合一"为主线创新和完善中国特色宏观调控

地应对"三重压力"。

5. 完善宏观政策评价

《道德经》第三十九章认为国家治理"至誉无誉"。然而，对于宏观治理具体操作而言，政策评价仍然非常重要，唯有如此才能找到需要修正与改革的堵点、痛点和难点，才能对症下药。

宏观调控是一项复杂的系统性工程，要想达到理想的调控效果，既需要在事前对于经济形势进行准确的把握，以便进行正确的宏观决策，又需要在事后对于宏观政策的效果与影响进行全面的评估与评价，不断地总结积累经验，以进一步提高宏观经济调控的效率。"十四五"规划不仅明确要"加强宏观经济治理数据库等建设，提升大数据等现代技术手段辅助治理能力"，而且更是强调要"健全宏观经济政策评估评价制度"，这是相较于以往宏观调控的重要改进方向。

健全宏观经济政策评估评价制度需要做到以下几点。其一，构建宏观政策评价理论框架。其二，筹建宏观政策的独立评价机构，从行政制度上为健全宏观经济政策评估评价制度提供保障。其三，构建统分结合的信息沟通体系，借助于大数据、云计算技术，强化网络化信息化建设，构建全国性网络化一体化的信息集成体系，及时掌握最新最全的信息，形成科学决策前提。其四，建立适应现代宏观调控的咨询性机构，以大量高质量高水平的智库建议作为支撑。其五，构建宏观政策评价指数，将评价方式科学化与透明化，以提高宏观政策的评价效果。

后记：缘起与总结

每一个人的一生之中都会有一段或几段需要重新审视自我与世界的特殊时期。某一年，我也处于如此之状态。某一天，某一个朋友建议我读《道德经》。我听其言，读了很多遍，发觉《道德经》有益于提升人生格局与拓宽研究视野，更是逐渐发觉《道德经》的国家治理思想与我所长期研究的宏观调控理论具有惊人的内在一致性，突出体现在两者都强调规则化宏观调控。这个朋友建议我将之与学术研究结合起来，我又听其言，又反复阅读《道德经》，更是逐渐发现《道德经》与宏观调控理论可以相互促进、相互完善。秉持学术自由探索精神，我每日清晨和夜晚写下心得，遂成本书。

本书的核心要义重申如下。第一，借鉴《道德经》思想，宏观调控需要敬畏道的力量。万物产生、滋养、勃兴、消亡，都有其规律。随着不懈努力，人类似乎已经掌握了很多规律，但更多的规律至今并未掌握，或者只是感知而并不理解内在逻辑。人类在青年时期有叛逆期，但这可以突破父辈的认知限制而促进人类不断发展；在中年时期上有老下有小，容易患得患失和焦虑，但这可以因稳重特征而成为社会稳定器的主要群体；在老年时期记忆衰减，但这也许存在某种让人心情愉悦的特殊深意。无数类似的神奇自然规律值得敬畏。经济运行与宏观调控都同样需要遵守规律。人的情绪波动会导致经济波动，需要宏观政策干预；工资刚性、"债务—通缩"效应、金融加速器效应、磁滞效应等市场失灵问题都会导致经济恶性循环，更需要宏观政策干预。但是，宏观政策并非万能，不仅经济冲击与波动本身通常难以预知，而且公众对政策行动的反应也是难以预料。因此，遵循《道德经》的"道法自然"思想，需要采用"规则化宏观调控＋市场机制"宏微观政策措施组合以最大限度地符合经济运行规律和符合公众预期，具体而言就是"宏观政策'三策合一'＋结构改革"。

第二，宏观调控需要更加重视德的作用。《道德经》中的道有三种不同而合一的含义，即描述万物根源的道体、总结规律的规则、约束行为的道德。世人通常认为道和德相互割裂，但《道德经》中的道和德两者融为一体，有道才能有德，有德有助于有道。理解《道德经》的这一深刻思想，对于更好地制定宏观政策具有重要参考价值。现代宏观经济学虽然也开始强调通过央行行长的学术声誉与口碑来提高宏观政策效率，但并没有直面问题和根治问题。声誉与口碑是浅层次的外在表象，学者型官员追求学术创新而改变学术观点也很正常。《道德经》则升维性地更胜一筹。宏观政策促成经济体健康运行，必须要有道，即坚守规则性定位，这也是宏观政策制定者有德的关键前提。有道促进有德、有德维护有道，形成宏观政策制定与宏观经济运行两者高质量良性循环。

第三，创新宏观调控以适应经济形态变化，数字经济时代尤其如此。历史长河中人类社会每一步大幅跨越，经济形态、经济结构和经济模式都发生剧烈变化，经济治理体系尤其是宏观政策体系当然也需要相应进行调整与创新，否则调控效率会大幅下降。当前如火如荼的人工智能与大数据新科技浪潮，未来还会延续较长一段时间。新技术已经导致了贫富差距进一步拉大、中间阶层进一步去价值化、财富与创新能力进一步向少数人集中，宏观生产函数等方法所刻画的经济形态发生了前所未有的变化，宏观经济学似乎出现了所谓的失败，世界各国宏观调控效率不断下降。然而，人类不能简单地"躺平"了之，而要积极主动地创新宏观调控模式以适应经济形态的变化，要使用"三策合一"对经济结构和长期增长机制体制约束因素进行相应调整与改革，这样才能建设性地解决问题。《道德经》的宝贵思想"蔽而新成"和谐统一了创新之变和守正之不变。创新之变体现在建议国家宏观经济治理需要不断创新；守正之不变体现在建议"保此道者"，要永远追求以人民幸福为最终目的的宏观调控模式，要永远像"上善若水"般处理好宏观调控与市场经济运行的关系。

第四，《道德经》与宏观调控要相互取长补短和相互完善。虽然宏观政策理论与实践在与时俱进地发展，但时至今日仍然存在不足。比如，宏观经济学二分法导致宏观政策短期、长期考量统筹不好，与实际情况不相符合；宏观政策对于结构性问题考虑不够，道德力量考虑不足。我们可以用《道德经》的关爱人民、结构优化、治理天长地久、道德力量等宝贵思想，修补现代宏观政策理论的不足。《道德经》虽然瑕不掩瑜，但也确实存在瑕疵。瑕疵主要体现在其过于强调柔弱守势。在"躺平""佛系"现象并不罕见的当前世界各国，用好传统文化中的积极因素而不是消极因素至关重要。可以用宏观调控的主动性、刚柔并济功用性、目标明确问题导向性等积极思想更好地解读《道德经》，修补其过于强调柔弱守势的消极不足。具体而言，其一，吸收宏观调控的主动性，《道德经》可以在本就有的前瞻性基础上更富战略性、主动性和建设性，从而避免《道德经》一味倡导守势的缺陷。其二，在遵从《道德经》的"柔弱胜刚强"原意基础上，吸收现代宏观调控理论尤其是"三策合一"理论的目标明确和问题导向等优点，将强调柔弱优化为刚柔并济、内刚外柔，明显增强《道德经》的阳刚之气、问题可解决性，从而增强《道德经》的实用性。

第五，创新和完善中国特色宏观调控要强调一般性和中国特色。其一，通过构建宏观政策"三策合一"理论框架，来强调中国特色宏观调控的一般性。基于中国实践，在国际性通用语言体系下，提炼出可复制可推广的一般性宏观调控理论与政策框架。把具体做法上升到理论，不只是有助于推广中国特色宏观调控以供广大发展中国家参考借鉴，更为重要的是，可以在基准框架下逐步完善中国特色宏观调控。比如，宏观政策"三策合一"新理论框架，将稳定政策、增长政策和结构政策纳入统一的理论框架，消除产出缺口和长期潜在增速缺口，促使实际经济增速、长期潜在增速和最优经济结构下的潜在增速合理水平三者趋于一致，从而实现最优经济结构下的短期平稳运行与长期稳定增长。新理论框架具有理论一般性和政策实践普适性，可以较好地解决中国和世界各国所面临的宏观政策系列难题。宏观政策"三策合一"新理论框架作为中国经济学理论的有机组成部分，可以为全球宏观经济治理提供中国智慧与中国方案。其二，通过吸收《道德经》等中华优秀传统文化，来强调中国特色宏观调控的中国特色。中华优秀传统文化是我国的独特优势。中国特色宏观调控作为中国特色社会主义理论的重要组成部分，本就是马克思主义基本原理同中国宏观调控成功经验具体实际相结合的产物，再同《道德经》等中华优秀传统文化相结合，可以更好地落实"两个结合"，更好地推动中华优秀传统文化创造性转化、创新性发展，更好地发挥中国系列独特优势，更好地解决大量亟待解决的新问题，让世界更好读懂中国，为推动构建人类命运共同体作出更大的积极贡献。

图书在版编目（CIP）数据

《道德经》与中国特色宏观调控/陈彦斌著. --北京：中国人民大学出版社，2023.8
ISBN 978-7-300-31837-0

Ⅰ.①道… Ⅱ.①陈… Ⅲ.①道家 ②《道德经》-研究 Ⅳ.①B223.15

中国国家版本馆CIP数据核字（2023）第115654号

《道德经》与中国特色宏观调控
陈彦斌　著
《Daodejing》yu Zhongguo Tese Hongguan Tiaokong

出版发行	中国人民大学出版社			
社　　址	北京中关村大街31号	邮政编码	100080	
电　　话	010-62511242（总编室）	010-62511770（质管部）		
	010-82501766（邮购部）	010-62514148（门市部）		
	010-62515195（发行公司）	010-62515275（盗版举报）		
网　　址	http://www.crup.com.cn			
经　　销	新华书店			
印　　刷	唐山玺诚印务有限公司			
开　　本	720 mm×1000 mm　1/16	版　次	2023年8月第1版	
印　　张	11.75 插页1	印　次	2025年10月第4次印刷	
字　　数	142 000	定　价	42.00元	

版权所有　侵权必究　印装差错　负责调换